15일 완성

JLPT

한 권으로 끝내는

합격해
VOCA

N3

15일 완성 JLPT 합격해VOCA N3

초판 1쇄 발행 2023년 9월 27일
초판 2쇄 발행 2024년 10월 2일

지은이 시원스쿨어학연구소
펴낸곳 (주)에스제이더블유인터내셔널
펴낸이 양홍걸 이시원

홈페이지 www.siwonschool.com
주소 서울시 영등포구 영신로 166 시원스쿨
교재 구입 문의 02)2014-8151
고객센터 02)6409-0878

ISBN 979-11-6150-767-5 10730
Number 1-311111-18221800-08

시원스쿨 일본어 홈페이지
공부자료실 바로가기

단어 쪽지 시험 PDF

원어민 전체 음원 MP3

※ 위 학습 부가 자료들은 시원스쿨 일본어 홈페이지(japan.siwonschool.com)의 [수강신청] ▶
[교재/MP3] 와 [학습지원센터] ▶ [공부자료실] 에서도 다운로드할 수 있습니다.

목차

제1장 일본어 + 한국어 VOCA

제2장 한국어 + 일본어 VOCA

이 책의 구성 및 특징

제1장　오십음도 순 일본어 + 한국어 VOCA 학습

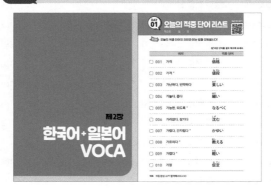

제2장　가나다 순 한국어 + 일본어 VOCA 학습

단어 — JLPT 필수 단어 학습

★ 표로
중요도 표시!

퀴즈 — DAY별 퀴즈를 풀어보며 암기한 단어 복습

실제 JLPT 기출 유형 문제로 실전까지 철저하게 대비

_____의 읽는 법으로 가장 알맞은 것을 1·2·3·4에서 하나 고르세요.

① 上からみた景色はきれいだった。 위에서 본 경치는 아름다웠다.

1 けいしょく　　2 けいしき　　　3 けしょく　　　4 けしき

② 海外の人との交流で、いろいろと学ぶ。

외국 사람과의 교류로 여러 가지 배운다.

1 こうりゅ　　　2 こうるう　　　3 こうりゅう　　4 こうる

원어민 MP3와 단어 쪽지 시험 PDF로 셀프 체크

원어민 MP3를 들으며 단어를 반복해서 암기할 수 있고, DAY별 단어 쪽지 시험으로
실력을 탄탄하게 다질 수 있습니다.

15일 완성 학습 플랜

일자	학습 내용	학습일		데일리 체크
1일차	제1장 DAY01	월	일	☐ 001 ~ 050
2일차	제1장 DAY02	월	일	☐ 051 ~ 100
3일차	제1장 DAY03	월	일	☐ 101 ~ 150
4일차	제1장 DAY04	월	일	☐ 151 ~ 200
5일차	제1장 DAY05	월	일	☐ 201 ~ 250
1~5일차 단어 복습(PDF 제공)				
6일차	제1장 DAY06	월	일	☐ 251 ~ 300
7일차	제1장 DAY07	월	일	☐ 301 ~ 350
8일차	제1장 DAY08	월	일	☐ 351 ~ 400
9일차	제1장 DAY09	월	일	☐ 401 ~ 450
10일차	제1장 DAY10	월	일	☐ 451 ~ 500
6~10일차 단어 복습(PDF 제공)				
11일차	제1장 DAY11	월	일	☐ 501 ~ 550
12일차	제1장 DAY12	월	일	☐ 551 ~ 600
13일차	제1장 DAY13	월	일	☐ 601 ~ 650
14일차	제1장 DAY14	월	일	☐ 651 ~ 700
15일차	제1장 DAY15	월	일	☐ 701 ~ 750
11~15일차 단어 복습(PDF 제공)				

30일 완성 학습 플랜

일자	학습 내용	학습일		데일리 체크
1일차	제1장 DAY01	월	일	☐ 001 ~ 050
2일차	제1장 DAY02	월	일	☐ 051 ~ 100
3일차	제1장 DAY03	월	일	☐ 101 ~ 150
4일차	제1장 DAY04	월	일	☐ 151 ~ 200
5일차	제1장 DAY05	월	일	☐ 201 ~ 250
1~5일차 단어 복습(PDF 제공)				
6일차	제1장 DAY06	월	일	☐ 251 ~ 300
7일차	제1장 DAY07	월	일	☐ 301 ~ 350
8일차	제1장 DAY08	월	일	☐ 351 ~ 400
9일차	제1장 DAY09	월	일	☐ 401 ~ 450
10일차	제1장 DAY10	월	일	☐ 451 ~ 500
6~10일차 단어 복습(PDF 제공)				
11일차	제1장 DAY11	월	일	☐ 501 ~ 550
12일차	제1장 DAY12	월	일	☐ 551 ~ 600
13일차	제1장 DAY13	월	일	☐ 601 ~ 650
14일차	제1장 DAY14	월	일	☐ 651 ~ 700
15일차	제1장 DAY15	월	일	☐ 701 ~ 750
11~15일차 단어 복습(PDF 제공)				

일자	학습 내용	학습일		데일리 체크
16일차	제2장 DAY01	월	일	☐ 001 ~ 050
17일차	제2장 DAY02	월	일	☐ 051 ~ 100
18일차	제2장 DAY03	월	일	☐ 101 ~ 150
19일차	제2장 DAY04	월	일	☐ 151 ~ 200
20일차	제2장 DAY05	월	일	☐ 201 ~ 250
16~20일차 단어 복습(PDF 제공)				
21일차	제2장 DAY06	월	일	☐ 251 ~ 300
22일차	제2장 DAY07	월	일	☐ 301 ~ 350
23일차	제2장 DAY08	월	일	☐ 351 ~ 400
24일차	제2장 DAY09	월	일	☐ 401 ~ 450
25일차	제2장 DAY10	월	일	☐ 451 ~ 500
21~25일차 단어 복습(PDF 제공)				
26일차	제2장 DAY11	월	일	☐ 501 ~ 550
27일차	제2장 DAY12	월	일	☐ 551 ~ 600
28일차	제2장 DAY13	월	일	☐ 601 ~ 650
29일차	제2장 DAY14	월	일	☐ 651 ~ 700
30일차	제2장 DAY15	월	일	☐ 701 ~ 750
26~30일차 단어 복습(PDF 제공)				

N3

제1장

일본어 + 한국어 VOCA

도전! 오늘의 적중 단어의 읽는 법과 의미를 외워봅시다!

☑ 외운 단어를 셀프 체크해 보세요.

	적중 단어	의미
☐ 001	相手 ★ あい て	상대
☐ 002	アイディア ★	아이디어, 생각
☐ 003	諦める ★ あきら	포기하다
☐ 004	明ける あ	날이 밝다, 새다, 끝나다
☐ 005	浅い ★ あさ	얕다
☐ 006	預かる あず	맡다, 보관하다
☐ 007	汗 ★ あせ	땀
☐ 008	暖かい ★ あたた	따뜻하다, 훈훈하다
☐ 009	温める ★ あたた	데우다
☐ 010	辺り あた	근처, 근방

あ

		적중 단어	의미
☐	011	当たる ★	맞다, 명중하다
☐	012	厚い ★	두껍다, 두텁다
☐	013	集める ★	모으다, 집중시키다
☐	014	穴	구멍
☐	015	アナウンス ★	방송함
☐	016	余る	남다, 넘치다
☐	017	編む	짜다, 뜨다, 편찬하다
☐	018	怪しい	수상하다, 의심스럽다
☐	019	謝る	사과하다
☐	020	現す	(모습, 형상) 나타내다

☑ 외운 단어를 셀프 체크해 보세요.

적중 단어	의미
☐ 021 <ruby>表<rt>あらわ</rt></ruby>れる	(감정, 표정) 나타나다
☐ 022 <ruby>泡<rt>あわ</rt></ruby>	거품
☐ 023 <ruby>合<rt>あ</rt></ruby>わせる ★	합치다, 어우르다
☐ 024 <ruby>慌<rt>あわ</rt></ruby>てる ★	당황하다, 허둥대다
☐ 025 <ruby>暗記<rt>あんき</rt></ruby> ★	암기
☐ 026 <ruby>胃<rt>い</rt></ruby> ★	위
☐ 027 <ruby>以外<rt>いがい</rt></ruby>	이외
☐ 028 <ruby>意外<rt>いがい</rt></ruby>に ★	의외로
☐ 029 <ruby>池<rt>いけ</rt></ruby>	연못
☐ 030 <ruby>以降<rt>いこう</rt></ruby> ★	이후

		적중 단어	의미
☐	031	意志 ★	의지
☐	032	意識	의식
☐	033	衣装	의상
☐	034	急ぐ	서두르다, 재촉하다
☐	035	痛い ★	아프다
☐	036	いつの間にか ★	어느 새인가
☐	037	一般的 ★	일반적
☐	038	一方で ★	한편으로
☐	039	いつも ★	언제나, 늘
☐	040	移動 ★	이동

あ

		적중 단어	의미
☐	041	祈る いの	빌다, 기원하다
☐	042	いよいよ	드디어
☐	043	いらいら	초조한 모양
☐	044	岩 ★ いわ	바위
☐	045	祝う いわ	축하하다
☐	046	印刷 いんさつ	인쇄
☐	047	印象 ★ いんしょう	인상
☐	048	植える ★ う	심다
☐	049	受かる う	합격하다, (시험에) 붙다
☐	050	浮く う	뜨다, 들뜨다

퀴즈1 적중 단어와 의미를 바르게 연결해 보세요.

① 慌てる ·   · A 데우다

② 温める ·   · B 심다

③ 植える ·   · C 당황하다

퀴즈2 다음 적중 단어를 올바르게 읽은 것을 고르세요.

① 岩 바위   A いし   B いわ

② 一方で 한편으로   A いちほうで   B いっぽうで

③ 相手 상대   A あいて   B あいしゅ

JLPT 챌린지 _____의 읽는 법으로 가장 알맞은 것을 1·2·3·4에서 하나 고르세요.

① 明日以降ならいつ来てもいい。   내일 이후라면 언제 와도 좋다.

1 いご   2 いこ   3 いこう   4 いごう

② 彼の態度が印象に残っている。   그의 태도가 인상에 남아있다.

1 いんしょう   2 いんそう   3 いんじょう   4 いんぞう

3분 퀴즈 챌린지 정답 체크

퀴즈1 ①C②A③B   **퀴즈2** ①B②B③A   **JLPT 챌린지** ①3②1

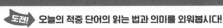

도전! 오늘의 적중 단어의 읽는 법과 의미를 외워봅시다!

☑ 외운 단어를 셀프 체크해 보세요.

	적중 단어	의미
☐ 051	うけつけ 受付	접수, 접수처
☐ 052	うご 動く	움직이다, 작동하다
☐ 053	うしな 失う	잃어버리다
☐ 054	うそ 嘘	거짓말
☐ 055	うたが 疑う ★	의심하다
☐ 056	うちがわ 内側 ★	안쪽, 내면
☐ 057	うっかり ★	무심코, 깜박
☐ 058	うつく 美しい ★	아름답다
☐ 059	うつ 写す	(그림, 문서) 베끼다, 묘사하다
☐ 060	う ま 上手い ★	솜씨가 뛰어나다, 잘하다

적중 단어	의미
☐ 061 埋^うめる ★	묻다, 메우다
☐ 062 裏^{うら} ★	뒷면, 안
☐ 063 売^うり切^きれる	매진되다
☐ 064 うろうろ ★	허둥지둥, 당황하는 모양
☐ 065 運行^{うんこう}	운행
☐ 066 運動場^{うんどうじょう} ★	운동장
☐ 067 永遠^{えいえん}	영원
☐ 068 影響^{えいきょう} ★	영향
☐ 069 営業^{えいぎょう}	영업
☐ 070 栄養^{えいよう} ★	영양

あ

적중 단어	의미
☐ 071 笑顔 ★	웃는 얼굴
☐ 072 エネルギー ★	에너지
☐ 073 偉い	훌륭하다, 기특하다
☐ 074 選ぶ	선택하다, 고르다
☐ 075 延期 ★	(시간, 일정) 연기
☐ 076 演奏	연주
☐ 077 追いつく ★	따라붙다
☐ 078 追い抜く ★	앞지르다
☐ 079 お祝い ★	축하
☐ 080 追う ★	쫓다, (뒤)따르다

적중 단어	의미
☐ 081 応援 ★ おうえん	응원
☐ 082 横断 ★ おうだん	횡단
☐ 083 往復 おうふく	왕복
☐ 084 応募 ★ おうぼ	응모
☐ 085 大きさ ★ おお	크기
☐ 086 オープン ★	오픈, 개점
☐ 087 大家 おおや	집주인
☐ 088 丘 おか	언덕
☐ 089 おかしい ★	이상하다, 우습다
☐ 090 遅れる ★ おく	늦다, 더디다

あ

	적중 단어	의미
☐ 091	怒る ★ おこ	화내다, 꾸짖다
☐ 092	惜しい ★ お	아깝다, 아쉽다
☐ 093	教える ★ おし	가르치다
☐ 094	遅い ★ おそ	늦다, 느리다
☐ 095	お互いに ★ たが	서로, 상호간
☐ 096	落ち着く ★ お つ	안정되다, 침착하다
☐ 097	驚く おどろ	놀라다
☐ 098	覚える ★ おぼ	외우다, 기억하다, 익히다
☐ 099	溺れる おぼ	빠지다, 탐닉하다
☐ 100	思い付く おも つ	문득 생각이 떠오르다

3분 퀴즈 챌린지

학습일 : 　월　　일

맞은 개수　개/8개

퀴즈1 적중 단어와 의미를 바르게 연결해 보세요.

① 偉い　　•
② 上手い　•
③ おかしい　•

• A 이상하다
• B 대단하다
• C 잘하다

퀴즈2 다음 적중 단어를 올바르게 읽은 것을 고르세요.

① 内側 안쪽　　　　　A ないかわ　　B うちがわ

② 笑顔 웃는 얼굴　　　A しょうがお　　B えがお

③ 応募 응모　　　　　A おうぼ　　　B おうほう

JLPT 챌린지 ＿＿＿의 읽는 법으로 가장 알맞은 것을 1·2·3·4에서 하나 고르세요.

① 彼は惜しいと言いながら笑った。　그는 아깝다고 말하면서 웃었다.

1 おしい　　　　2 かしい　　　　3 うしい　　　　4 めしい

② 栄養のバランスを考えた食事をとる。　영양 균형을 생각한 식사를 한다.

1 さかよ　　　　2 えいよう　　　　3 えいよ　　　　4 さかよう

3분 퀴즈 챌린지 정답 체크

퀴즈1 ① B ② C ③ A　　　**퀴즈2** ① B ② B ③ A　　　**JLPT 챌린지** ① 1 ② 2

오늘의 적중 단어 리스트

DAY 03 MP3

학습일:　　　월　　　일

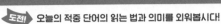

도전! 오늘의 적중 단어의 읽는 법과 의미를 외워봅시다!

☑ 외운 단어를 셀프 체크해 보세요.

	적중 단어	의미
☐ 101	表^{おもて}	정면, 겉면, 밖
☐ 102	親^{おや}	부모
☐ 103	降^おりる ★	내리다
☐ 104	折^おる ★	꺾다, 접다
☐ 105	折^おれる ★	꺾이다, 접히다
☐ 106	終^おわらせる ★	끝내다
☐ 107	終^おわり ★	끝
☐ 108	終^おわる ★	끝나다
☐ 109	温泉^{おんせん}	온천
☐ 110	温暖化^{おんだん か}	온난화

적중 단어		의미
☐ 111	温度 _{おんど}	온도
☐ 112	カーブ ★	커브, 곡선
☐ 113	絵画 _{かいが} ★	회화, 그림
☐ 114	解決 _{かいけつ} ★	해결
☐ 115	改札 _{かいさつ} ★	개찰(구)
☐ 116	回収 _{かいしゅう}	회수
☐ 117	外出 _{がいしゅつ}	외출
☐ 118	解消 _{かいしょう}	해소
☐ 119	外食 _{がいしょく} ★	외식
☐ 120	会費 _{かいひ}	회비

か

		적중 단어	의미
☐	121	返す^{かえ} ★	돌려주다
☐	122	替える^か ★	바꾸다, 교환하다
☐	123	換える^か	바꾸다, 교환하다
☐	124	変える^か	바꾸다, 변화하다
☐	125	顔^{かお}	얼굴
☐	126	価格^{か かく}	가격
☐	127	鏡^{かがみ}	거울
☐	128	輝く^{かがや}	눈부시게 빛나다, 반짝이다
☐	129	かき混ぜる^ま ★	뒤섞다
☐	130	確実^{かくじつ} ★	확실

적중 단어	의미
☐ 131 隠す ★ _{かく}	숨기다, 감추다
☐ 132 各地 _{かく ち}	각지
☐ 133 過去 ★ _{か こ}	과거
☐ 134 囲まれる ★ _{かこ}	둘러싸이다
☐ 135 重ねる ★ _{かさ}	거듭하다, 포개다, 쌓아 올리다
☐ 136 下線 ★ _{か せん}	밑줄
☐ 137 数える _{かぞ}	(수) 세다
☐ 138 肩 _{かた}	어깨
☐ 139 固い ★ _{かた}	단단하다, 딱딱하다
☐ 140 形 _{かたち}	모양, 형태

か

	적중 단어	의미
☐ 141	片付ける ★ かた づ	정돈하다, 치우다
☐ 142	カタログ ★	카탈로그
☐ 143	価値 か ち	가치
☐ 144	勝つ ★ か	이기다, 쟁취하다
☐ 145	がっかり	실망하는 모양
☐ 146	各国 かっこく	각국
☐ 147	カット ★	커트, 잘라냄
☐ 148	仮定 か てい	가정
☐ 149	過程 か てい	과정
☐ 150	角 ★ かど	귀퉁이, 구석

퀴즈1 적중 단어와 의미를 바르게 연결해 보세요.

① 折れる　　　・　　　　　　　・ A 정돈하다

② 片付ける　　・　　　　　　　・ B 꺾이다

③ かき混ぜる　・　　　　　　　・ C 뒤섞다

퀴즈2 다음 적중 단어를 올바르게 읽은 것을 고르세요.

① 下線 밑줄　　　　　　A かせん　　　　B げせん

② 表 정면, 겉면　　　　A うら　　　　　B おもて

③ 折る 꺾다　　　　　　A おる　　　　　B いのる

JLPT 챌린지 ＿＿＿의 읽는 법으로 가장 알맞은 것을 1·2·3·4에서 하나 고르세요.

① 世界各国を旅行してそれを本にした。

세계 각국을 여행해서 그것을 책으로 만들었다.

1 かくこく　　　2 かっこく　　　3 かくぐに　　　4 かくくに

② 1から100まで数えてみてください。

1부터 100까지 세어 봐 주세요.

1 おしえて　　　2 おそえて　　　3 かぞえて　　　4 かずえて

3분 퀴즈 챌린지 정답 체크

퀴즈1 ①B②A③C　　　퀴즈2 A②B③A　　　JLPT 챌린지 ①2②3

도전! 오늘의 적중 단어의 읽는 법과 의미를 외워봅시다!

☑ 외운 단어를 셀프 체크해 보세요.

적중 단어	의미
☐ 151 悲^{かな}しい	슬프다, 애처롭다
☐ 152 必^{かなら}ず ★	반드시, 꼭
☐ 153 壁^{かべ}	벽
☐ 154 髪^{かみ}	머리카락
☐ 155 かゆい ★	가렵다, 간지럽다
☐ 156 空^{から} ★	허공, 빔
☐ 157 がらがら ★	텅텅, 비어 있는 모양 걸걸, 목소리가 거친 모양
☐ 158 からから ★	바짝바짝, 바싹 마른 모양
☐ 159 借^かりる ★	빌리다
☐ 160 軽^{かる}い ★	가볍다

	적중 단어	의미
☐ 161	枯れる ★ _か	마르다, 시들다
☐ 162	カロリー ★	칼로리
☐ 163	間隔 ★ _{かんかく}	간격
☐ 164	観客 _{かんきゃく}	관객
☐ 165	環境 _{かんきょう}	환경
☐ 166	歓迎 _{かんげい}	환영
☐ 167	感激 _{かんげき}	감격
☐ 168	観光 ★ _{かんこう}	관광
☐ 169	感じ ★ _{かん}	느낌, 기분
☐ 170	関心 ★ _{かんしん}	관심

か

	적중 단어	의미
☐ 171	完成 ^{かんせい} ★	완성
☐ 172	簡単だ ^{かんたん} ★	간단하다, 쉽다
☐ 173	感動 ^{かんどう} ★	감동
☐ 174	機械 ^{きかい} ★	기계
☐ 175	機会 ^{きかい}	기회
☐ 176	期限 ^{きげん} ★	기한
☐ 177	危険だ ^{きけん} ★	위험하다
☐ 178	帰国 ^{きこく}	귀국
☐ 179	傷 ^{きず} ★	상처, 흠
☐ 180	規則 ^{きそく} ★	규칙

음원을 들으며 따라 읽어 보세요.

	적중 단어	의미
☐ 181	期待 ^{き たい} ★	기대
☐ 182	汚い ^{きたな} ★	더럽다, 불결하다
☐ 183	貴重 ^{き ちょう}	귀중
☐ 184	きつい ★	심하다, 과격하다, 고되다
☐ 185	気付く ^{き づ} ★	알아차리다, 깨닫다
☐ 186	記念 ^{き ねん} ★	기념
☐ 187	厳しい ^{きび}	엄하다, 혹독하다
☐ 188	希望 ^{き ぼう} ★	희망
☐ 189	疑問 ^{ぎ もん} ★	의문
☐ 190	キャンセル ★	캔슬, 취소

か

	적중 단어	의미
☐ 191	休日 ^{きゅうじつ} ★	휴일
☐ 192	強化 ^{きょうか}	강화
☐ 193	行事 ^{ぎょうじ}	행사
☐ 194	共通 ^{きょうつう}	공통
☐ 195	協力 ^{きょうりょく} ★	협력
☐ 196	許可 ^{きょか}	허가
☐ 197	距離 ^{きょり} ★	거리
☐ 198	嫌う ^{きら}う ★	싫어하다, 미워하다
☐ 199	記録 ^{きろく} ★	기록
☐ 200	禁煙 ^{きんえん}	금연

퀴즈1 적중 단어와 의미를 바르게 연결해 보세요.

① かゆい ・　　　　　　　　・ A 더럽다

② きつい ・　　　　　　　　・ B 심하다, 과격하다

③ 汚い ・　　　　　　　　・ C 가렵다

퀴즈2 다음 적중 단어를 올바르게 읽은 것을 고르세요.

① 行事 행사　　　　　　　A こうじ　　　　B ぎょうじ

② 機会 기회　　　　　　　A きあい　　　　B きかい

③ 休日 휴일　　　　　　　A きゅうじつ　　B きゅうにち

JLPT 챌린지 ＿＿＿의 읽는 법으로 가장 알맞은 것을 1·2·3·4에서 하나 고르세요.

① その人はすごい記録を出した。　그 사람은 굉장한 기록을 냈다.

　1 きりょく　　　2 きろく　　　3 ぎりょく　　　4 ぎろく

② 友だちが嫌っていたので、家にペットを置いてきた。

　친구가 싫어해서 집에 애완동물을 두고 왔다.

　1 きらって　　　2 いやがって　　　3 うしなって　　　4 かって

3분 퀴즈 챌린지 정답 체크

퀴즈1 ① C ② B ③ A　　　**퀴즈2** ① B ② B ③ A　　　**JLPT 챌린지** ① 2 ② 1

도전! 오늘의 적중 단어의 읽는 법과 의미를 외워봅시다!

☑ 외운 단어를 셀프 체크해 보세요.

	적중 단어	의미
☐ 201	禁止 きんし	금지
☐ 202	緊張 きんちょう ★	긴장
☐ 203	空席 くうせき	공석, 빈자리
☐ 204	偶然 ぐうぜん ★	우연히, 우연
☐ 205	臭い くさい	고약한 냄새가 나다
☐ 206	くたびれる	지치다, 피로하다
☐ 207	ぐっすり	푹 잠든 모양
☐ 208	配る くばる ★	나누어 주다
☐ 209	区別 くべつ ★	구별
☐ 210	ぐらぐら ★	흔들흔들, 크게 흔들려 움직이는 모양

음원을 들으며 따라 읽어 보세요.

적중 단어	의미
☐ 211 <ruby>暮<rt>く</rt></ruby>す	살다, 생활하다
☐ 212 <ruby>繰<rt>く</rt></ruby>り<ruby>返<rt>かえ</rt></ruby>す	반복하다
☐ 213 <ruby>苦<rt>くる</rt></ruby>しい ★	괴롭다, 고통스럽다
☐ 214 <ruby>加<rt>くわ</rt></ruby>える ★	더하다, 가하다
☐ 215 <ruby>詳<rt>くわ</rt></ruby>しい	상세하다, 자세히 알고 있다
☐ 216 <ruby>訓練<rt>くんれん</rt></ruby> ★	훈련
☐ 217 <ruby>経営<rt>けいえい</rt></ruby> ★	경영
☐ 218 <ruby>経験<rt>けいけん</rt></ruby>	경험
☐ 219 <ruby>計算<rt>けいさん</rt></ruby> ★	계산
☐ 220 <ruby>掲示<rt>けいじ</rt></ruby>	게시

か

	적중 단어	의미
☐ 221	けいやく 契約	계약
☐ 222	けいゆ 経由 ★	경유
☐ 223	けしき 景色	경치, 풍경
☐ 224	けつあつ 血圧 ★	혈압
☐ 225	けつえき 血液 ★	혈액
☐ 226	けっか 結果	결과
☐ 227	けっきょく 結局 ★	결국
☐ 228	けっこう 結構 ★	제법, 충분히
☐ 229	けっしん 決心	결심
☐ 230	けっせき 欠席 ★	결석

		적중 단어	의미
☐	231	欠点^{けってん} ★	결점, 약점
☐	232	件^{けん} ★	건, 사항
☐	233	原因^{げんいん} ★	원인
☐	234	健康^{けんこう} ★	건강
☐	235	検査^{けんさ} ★	검사
☐	236	現在^{げんざい} ★	현재
☐	237	現実^{げんじつ}	현실
☐	238	減少^{げんしょう} ★	감소
☐	239	建設^{けんせつ} ★	건설
☐	240	建築^{けんちく} ★	건축

か

☑ 외운 단어를 셀프 체크해 보세요.

		적중 단어	의미
☐	241	原料 ★ げんりょう	원료
☐	242	濃い こ	짙다, 진하다
☐	243	恋しい ★ こい	그립다
☐	244	講演 こうえん	강연
☐	245	効果的だ ★ こう か てき	효과적이다
☐	246	交換 ★ こうかん	교환
☐	247	航空 こうくう	항공
☐	248	広告 ★ こうこく	광고
☐	249	向上 こうじょう	향상
☐	250	交流 ★ こうりゅう	교류

퀴즈1 적중 단어와 의미를 바르게 연결해 보세요.

① 臭い ・   ・ A 짙다, 진하다

② 苦しい ・   ・ B 고약한 냄새가 나다

③ 濃い ・   ・ C 괴롭다

퀴즈2 다음 적중 단어를 올바르게 읽은 것을 고르세요.

① 原料 원료   A げんりょう   B げんか

② 血圧 혈압   A ちあつ   B けつあつ

③ 結構 제법, 충분히   A けっこ   B けっこう

JLPT 챌린지 _____의 읽는 법으로 가장 알맞은 것을 1·2·3·4에서 하나 고르세요.

① 上からみた景色はきれいだった。 위에서 본 경치는 아름다웠다.

1 けいしょく   2 けいしき   3 けしょく   4 けしき

② 海外の人との交流で、いろいろと学ぶ。

외국 사람과의 교류로 여러 가지 배운다.

1 こうりゅ   2 こうるう   3 こうりゅう   4 こうる

3분 퀴즈 챌린지 정답 체크

퀴즈1 ①B②C③A   퀴즈2 ①A②B③B   JLPT 챌린지 ①4②3

도전! 오늘의 적중 단어의 읽는 법과 의미를 외워봅시다!

☑ 외운 단어를 셀프 체크해 보세요.

	적중 단어	의미
☐ 251	呼吸 ★ こきゅう	호흡
☐ 252	国籍 こくせき	국적
☐ 253	焦げる こ	검게 타다, 그을리다
☐ 254	腰 ★ こし	허리
☐ 255	ご自由 ★ じ ゆう	자유
☐ 256	個人 ★ こ じん	개인
☐ 257	断る ★ ことわ	거절하다
☐ 258	コマーシャル ★	커머셜, 광고
☐ 259	細かい ★ こま	잘다, 자세하다, 까다롭다
☐ 260	困る ★ こま	곤란하다

	적중 단어	의미
☐ 261	ごろごろ	우르르, 천둥이 울리는 소리 뒹굴뒹굴, 빈둥대는 모양
☐ 262	転ぶ ★	넘어지다, 구르다
☐ 263	こんこん ★	콜록콜록, 기침을 하는 모양 펑펑, 눈이 내리는 모양
☐ 264	混雑	혼잡
☐ 265	ざあざあ ★	쏴쏴, 비가 몹시 오는 모양
☐ 266	サービス ★	서비스
☐ 267	最近 ★	최근
☐ 268	最初 ★	처음, 최초
☐ 269	最新 ★	최신
☐ 270	最中	한창

さ

	적중 단어	의미
☐ 271	材料 ^{ざいりょう} ★	재료
☐ 272	サイン ★	사인, 서명
☐ 273	探す ^{さが} ★	찾다
☐ 274	坂道 ^{さかみち}	언덕길
☐ 275	盛ん ^{さか} ★	왕성함, 번성함
☐ 276	叫ぶ ^{さけ} ★	외치다, 강하게 주장하다
☐ 277	誘う ^{さそ}	권하다, 권유하다
☐ 278	さっき ★	아까, 조금 전
☐ 279	早速 ^{さっそく} ★	곧, 바로, 빨리, 즉시
☐ 280	さらさら ★	보송보송, 습기가 없고 끈적끈적 하지 않은 모양

	적중 단어	의미
☐ 281	触る ★ <small>さわ</small>	만지다, 건드리다, 닿다
☐ 282	参加 ★ <small>さん か</small>	참가
☐ 283	残業 ★ <small>ざんぎょう</small>	잔업, 야근
☐ 284	賛成 <small>さんせい</small>	찬성
☐ 285	残念 <small>ざんねん</small>	유감, 안타까움
☐ 286	サンプル ★	샘플, 견본
☐ 287	試合 <small>し あい</small>	시합, 경기
☐ 288	塩 ★ <small>しお</small>	소금
☐ 289	支給 ★ <small>し きゅう</small>	지급
☐ 290	資源 ★ <small>し げん</small>	자원

さ

적중 단어	의미
☐ 291 事故 (じこ)	사고
☐ 292 指示 (しじ) ★	지시
☐ 293 支出 (ししゅつ)	지출
☐ 294 事情 (じじょう) ★	사정
☐ 295 試食 (ししょく)	시식
☐ 296 自信 (じしん) ★	자신
☐ 297 静かだ (しずかだ) ★	조용하다, 잠잠하다
☐ 298 沈む (しずむ)	가라앉다, 잠기다
☐ 299 姿勢 (しせい)	자세, 태도
☐ 300 自然 (しぜん) ★	자연

퀴즈1 적중 단어와 의미를 바르게 연결해 보세요.

① 叫ぶ　・　　　　　　　　・ A 검게 타다

② 焦げる　・　　　　　　　・ B 가라앉다

③ 沈む　・　　　　　　　　・ C 외치다

퀴즈2 다음 적중 단어를 올바르게 읽은 것을 고르세요.

① 指示 지시　　　　　A じし　　　　　B しじ

② 事情 사정　　　　　A しじょう　　　B じじょう

③ 試合 시합　　　　　A しあい　　　　B しごう

JLPT 챌린지 _____의 읽는 법으로 가장 알맞은 것을 1·2·3·4에서 하나 고르세요.

① 毎日残業が続いて疲れている。　매일 잔업이 계속되어 지쳐 있다.

1 ざんごう　　　2 ざんこう　　　3 ざんぎょう　　　4 ざんきょう

② 細かいことは後で決めることにしましょう。

자세한 것을 나중에 정하기로 합시다.

1 こまかい　　　2 ほそかい　　　3 さいかい　　　4 さしょうかい

3분 퀴즈 챌린지 정답 체크

퀴즈1 ① C ② A ③ B　　　**퀴즈2** ① B ② B ③ A　　　**JLPT 챌린지** ① 3 ② 1

도전! 오늘의 적중 단어의 읽는 법과 의미를 외워봅시다!

☑ 외운 단어를 셀프 체크해 보세요.

	적중 단어	의미
☐ 301	従^{したが}う	따르다
☐ 302	自宅^{じたく}	자택
☐ 303	親^{した}しい ★	친하다
☐ 304	しっかり ★	단단히, 꼭, 꽉
☐ 305	失業^{しつぎょう}	실업
☐ 306	実験^{じっけん}	실험
☐ 307	室内^{しつない}	실내
☐ 308	失敗^{しっぱい}	실패, 실수
☐ 309	実用的^{じつようてき}だ ★	실용적이다
☐ 310	実力^{じつりょく} ★	실력

음원을 들으며 따라 읽어 보세요.

	적중 단어	의미
☐ 311	指定 し てい	지정
☐ 312	指導 し どう	지도
☐ 313	しばらく ★	잠깐, 당분간
☐ 314	縛る ★ しば	묶다
☐ 315	仕舞う ★ し ま	간수하다, 끝내다, 마치다
☐ 316	自慢 じ まん	자랑
☐ 317	示す しめ	나타내다, 가리키다
☐ 318	地面 じ めん	지면, 땅바닥
☐ 319	借金 しゃっきん	빚, 돈을 꿈
☐ 320	喋る しゃべ	수다 떨다, (다른 사람에게) 말하다

さ

	적중 단어	의미
☐ 321	周囲 しゅうい	주위
☐ 322	週刊誌 ★ しゅうかんし	주간지
☐ 323	集合 ★ しゅうごう	집합
☐ 324	就職 ★ しゅうしょく	취직
☐ 325	修正 しゅうせい	수정
☐ 326	渋滞 ★ じゅうたい	정체
☐ 327	重大だ ★ じゅうだい	중대하다
☐ 328	住宅 じゅうたく	주택
☐ 329	集団 しゅうだん	집단
☐ 330	集中 ★ しゅうちゅう	집중

		적중 단어	의미
☐	331	収入 しゅうにゅう	수입, 소득
☐	332	十分 じゅうぶん	충분
☐	333	重要 じゅうよう	중요
☐	334	修理 しゅう り	수리
☐	335	祝日 しゅくじつ	경축일, 공휴일
☐	336	縮小 しゅくしょう	축소
☐	337	手術 しゅじゅつ	수술
☐	338	主張 ★ しゅちょう	주장
☐	339	出勤 ★ しゅっきん	출근
☐	340	出身 しゅっしん	출신

さ

	적중 단어		의미
☐ 341	出張 ★ しゅっちょう		출장
☐ 342	出発 しゅっぱつ		출발
☐ 343	首都 ★ しゅ と		수도
☐ 344	主要 ★ しゅよう		주요
☐ 345	需要 じゅよう		수요
☐ 346	種類 ★ しゅるい		종류
☐ 347	順番 ★ じゅんばん		순번, 차례
☐ 348	紹介 しょうかい		소개
☐ 349	商業 ★ しょうぎょう		상업
☐ 350	乗車 ★ じょうしゃ		승차

퀴즈1 적중 단어와 의미를 바르게 연결해 보세요.

① 喋る ・　　　　　　　　・ A 나타내다

② 仕舞う ・　　　　　　　・ B 수다 떨다

③ 示す ・　　　　　　　　・ C 간수하다

퀴즈2 다음 적중 단어를 올바르게 읽은 것을 고르세요.

① 主張 주장　　　　　A しゅうちょ　　B しゅちょう

② 重大 중대　　　　　A じゅうだい　　B ちょうだい

③ 渋滞 정체　　　　　A じゅたい　　　B じゅうたい

JLPT 챌린지 ＿＿＿의 읽는 법으로 가장 알맞은 것을 1·2·3·4에서 하나 고르세요.

① 大学を出ても就職ができない人が多い。

대학을 나와도 취직하지 못하는 사람이 많다.

1 しゅしょく　　2 じゅしょく　　3 しゅうしょく　　4 じゅうしょく

② 物を買うときは、実用的なものを買うようにしている。

물건을 살 때는 실용적인 것을 사도록 하고 있다.

1 しつよ　　　2 じつよ　　　3 しつよう　　　4 じつよう

3분 퀴즈 챌린지 정답 체크

퀴즈1 ① B ② C ③ A　　　**퀴즈2** ① B ② A ③ B　　　**JLPT 챌린지** ① 3 ② 4

도전! 오늘의 적중 단어의 읽는 법과 의미를 외워봅시다!

☑ 외운 단어를 셀프 체크해 보세요.

		적중 단어	의미
☐	351	しょうたい 招待	초대
☐	352	じょうたつ 上達	향상, 숙달
☐	353	じょうだん 冗談 ★	농담
☐	354	しょうとつ 衝突	충돌
☐	355	しょうひ 消費 ★	소비
☐	356	しょうひん 商品 ★	상품
☐	357	じょうほう 情報 ★	정보
☐	358	しょうらい 将来	장래
☐	359	しょくぎょう 職業	직업
☐	360	しょっき 食器 ★	식기

	적중 단어	의미
☐ 361	処理 _{しょ り}	처리
☐ 362	書類 _{しょるい}	서류
☐ 363	調べる ★ _{しら}	조사하다, 살펴보다
☐ 364	知り合う ★ _{し あ}	서로 알게 되다
☐ 365	資料 _{し りょう}	자료
☐ 366	進学 _{しんがく}	진학
☐ 367	真剣 _{しんけん}	심각함, 진지함
☐ 368	信号 _{しんごう}	신호
☐ 369	信じる ★ _{しん}	믿다
☐ 370	申請 _{しんせい}	신청

さ

		적중 단어	의미
☐	371	新鮮 ★ _{しんせん}	신선
☐	372	診断 _{しんだん}	진단
☐	373	身長 ★ _{しんちょう}	신장, 키
☐	374	慎重 _{しんちょう}	신중
☐	375	心配だ ★ _{しんぱい}	근심스럽다, 걱정되다
☐	376	進歩 _{しん ぽ}	진보
☐	377	ずいぶん ★	꽤, 무척
☐	378	ずきずき ★	욱신욱신, 상처가 쑤시면서 아픈 모양
☐	379	少しずつ ★ _{すこ}	조금씩
☐	380	少しも ★ _{すこ}	조금도

		적중 단어	의미
☐	381	過^すごす	(시간) 보내다, 지내다
☐	382	頭痛^{ずつう} ★	두통
☐	383	素晴^{すば}らしい	훌륭하다, 근사하다
☐	384	スピード ★	스피드, 속도
☐	385	鋭^{するど}い	날카롭다, 예리하다
☐	386	正解^{せいかい} ★	정답
☐	387	性格^{せいかく} ★	성격
☐	388	正確^{せいかく}	정확
☐	389	税金^{ぜいきん}	세금
☐	390	清潔^{せいけつ} ★	청결

さ

	적중 단어	의미
☐ 391	制限 ^{せいげん} ★	제한
☐ 392	成績 ^{せいせき} ★	성적
☐ 393	制服 ^{せいふく} ★	제복, 교복
☐ 394	整理 ^{せいり} ★	정리
☐ 395	席 ^{せき} ★	자리
☐ 396	責任 ^{せきにん}	책임
☐ 397	せっかく ★	모처럼, 애써서
☐ 398	積極的 ^{せっきょくてき} ★	적극적
☐ 399	絶対 ^{ぜったい} ★	절대, 무조건
☐ 400	セット ★	세트, 두다

퀴즈1 적중 단어와 의미를 바르게 연결해 보세요.

① 冗談 ・　　　　　　・ A 제복, 교복

② 清潔 ・　　　　　　・ B 농담

③ 制服 ・　　　　　　・ C 청결

퀴즈2 다음 적중 단어를 올바르게 읽은 것을 고르세요.

① 頭痛 두통　　　　　A ずつう　　　B とうつう

② 正解 정답　　　　　A しょうかい　B せいかい

③ 絶対 절대　　　　　A ぜったい　　B ぜつだい

JLPT 챌린지 (　　)에 들어갈 가장 알맞은 것을 1·2·3·4에서 하나 고르세요.

① 道が混雑している理由を(　　)。 길이 혼잡한 이유를 조사한다.

1 比べる　　　2 調べる　　　3 整える　　　4 加える

② 運動をしすぎたのか、体が(　　)と痛い。

운동을 너무 했는지 몸이 욱신욱신 아프다.

1 ずきずき　　2 さらさら　　3 こんこん　　4 ごろごろ

3분 퀴즈 챌린지 정답 체크

퀴즈1 ①B②C③A　　**퀴즈2** A②B③A　　**JLPT 챌린지** ①2②1

도전! 오늘의 적중 단어의 읽는 법과 의미를 외워봅시다!

☑ 외운 단어를 셀프 체크해 보세요.

		적중 단어	의미
☐	401	<ruby>節約<rt>せつやく</rt></ruby>	절약
☐	402	せめて	적어도, 최소한
☐	403	<ruby>線<rt>せん</rt></ruby> ★	선
☐	404	<ruby>専攻<rt>せんこう</rt></ruby>	전공
☐	405	<ruby>選手<rt>せんしゅ</rt></ruby> ★	선수
☐	406	<ruby>全然<rt>ぜんぜん</rt></ruby> ★	전혀
☐	407	<ruby>宣伝<rt>せんでん</rt></ruby>	선전, 홍보
☐	408	<ruby>全部<rt>ぜんぶ</rt></ruby> ★	전부
☐	409	<ruby>専門家<rt>せんもんか</rt></ruby>	전문가
☐	410	<ruby>増加<rt>ぞうか</rt></ruby>	증가

음원을 들으며 따라 읽어 보세요.

		적중 단어	의미
☐	411	<ruby>送信<rt>そうしん</rt></ruby>	송신
☐	412	<ruby>想像<rt>そうぞう</rt></ruby> ★	상상
☐	413	<ruby>早退<rt>そうたい</rt></ruby> ★	조퇴
☐	414	<ruby>相談<rt>そうだん</rt></ruby> ★	상담
☐	415	<ruby>測量<rt>そくりょう</rt></ruby>	측량
☐	416	<ruby>卒業<rt>そつぎょう</rt></ruby> ★	졸업
☐	417	そっくり ★	꼭 닮음
☐	418	そっと ★	살짝, 가만히
☐	419	そろそろ ★	슬슬, 시간이 다 되어가는 모양
☐	420	<ruby>尊敬<rt>そんけい</rt></ruby>	존경

さ

	적중 단어	의미
☐ 421	存在 そんざい	존재
☐ 422	尊重 ★ そんちょう	존중
☐ 423	退院 ★ たいいん	퇴원
☐ 424	大会 ★ たいかい	대회
☐ 425	代金 だいきん	대금
☐ 426	退屈 ★ たいくつ	지겨움, 따분함
☐ 427	滞在 ★ たいざい	체재, 체류
☐ 428	大事だ ★ だいじ	소중하다, 중요하다
☐ 429	代表 ★ だいひょう	대표
☐ 430	大変だ ★ たいへん	힘들다

적중 단어	의미
☐ 431 大量 ★ <ruby>大量<rt>たいりょう</rt></ruby>	대량
☐ 432 <ruby>体力<rt>たいりょく</rt></ruby>	체력
☐ 433 <ruby>倒<rt>たお</rt></ruby>れる	쓰러지다, 넘어지다
☐ 434 <ruby>確<rt>たし</rt></ruby>か ★	확실함, 틀림없음
☐ 435 <ruby>多少<rt>たしょう</rt></ruby>	다소, 꽤
☐ 436 <ruby>助<rt>たす</rt></ruby>ける ★	도와주다, 구조하다
☐ 437 <ruby>訪<rt>たず</rt></ruby>ねる	방문하다, 찾다
☐ 438 <ruby>尋<rt>たず</rt></ruby>ねる	묻다, 질문하다
☐ 439 ただ ★	그저, 단지
☐ 440 <ruby>畳<rt>たた</rt></ruby>む ★	개다, 접다

た

	적중 단어	의미
☐ 441	楽^{たの}しい ★	즐겁다
☐ 442	頼^{たの}む	부탁하다, 청하다, 시키다
☐ 443	だぶだぶ ★	헐렁헐렁, 옷이 커서 몸에 맞지 않는 모양
☐ 444	溜^たまる	쌓이다, 모이다
☐ 445	試^{ため}す	시험하다, 시도하다
☐ 446	貯^ためる ★	(돈) 모으다, 저축하다
☐ 447	頼^{たよ}る ★	의지하다
☐ 448	だるい ★	나른하다
☐ 449	短気^{たんき}だ ★	성격이 급하다
☐ 450	単語^{たんご} ★	단어

학습일: 월 일

퀴즈1 적중 단어와 의미를 바르게 연결해 보세요.

① 頼る · · A 시험하다

② 試す · · B 모으다

③ 貯める · · C 의지하다

퀴즈2 다음 적중 단어를 올바르게 읽은 것을 고르세요.

① 線 선   A えん   B せん

② 想像 상상   A そうじょう   B そうぞう

③ 卒業 졸업   A そつぎょう   B りつぎょう

JLPT 챌린지 ____의 읽는 법으로 가장 알맞은 것을 1·2·3·4에서 하나 고르세요.

① 大会を一か月残してけがしてしまった。

대회를 한 달 남겨두고 부상을 당했다.

1 たいかい   2 おおあい   3 おおかい   4 だいかい

② 彼女は一人で外国に滞在していた。

그녀는 혼자서 외국에 체재하고 있었다.

1 たいさい   2 たいざい   3 たいあつ   4 だいざい

3분 퀴즈 챌린지 정답 체크

퀴즈1 ①C②A③B   **퀴즈2** ①B②B③A   **JLPT 챌린지** ①1②2

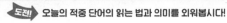

도전! 오늘의 적중 단어의 읽는 법과 의미를 외워봅시다!

☑ 외운 단어를 셀프 체크해 보세요.

	적중 단어	의미
☐ 451	<ruby>単純<rt>たんじゅん</rt></ruby>だ ★	단순하다
☐ 452	<ruby>団体<rt>だんたい</rt></ruby>	단체
☐ 453	<ruby>担当<rt>たんとう</rt></ruby>	담당
☐ 454	<ruby>担任<rt>たんにん</rt></ruby>	담임
☐ 455	<ruby>地域<rt>ちいき</rt></ruby>	지역
☐ 456	チェックアウト ★	체크아웃
☐ 457	<ruby>遅延<rt>ちえん</rt></ruby>	지연
☐ 458	チェンジ ★	교체, 변화
☐ 459	<ruby>違<rt>ちが</rt></ruby>う	다르다, 틀리다
☐ 460	<ruby>近道<rt>ちかみち</rt></ruby>	지름길, 샛길

		적중 단어	의미
☐	461	地球 ★	지구
☐	462	遅刻	지각
☐	463	知識	지식
☐	464	知人	지인, 아는 사람
☐	465	ちっとも ★	조금도, 잠시도
☐	466	チャレンジ ★	챌린지, 도전
☐	467	チャンス ★	찬스, 기회
☐	468	注意	주의
☐	469	中止	중지
☐	470	駐車 ★	주차

た

	적중 단어	의미
☐ 471	昼食 ちゅうしょく ★	중식, 점심 식사
☐ 472	調査 ちょうさ ★	조사
☐ 473	朝食 ちょうしょく ★	조식, 아침 식사
☐ 474	調節 ちょうせつ	조절
☐ 475	貯金 ちょきん	저금
☐ 476	直接 ちょくせつ	직접
☐ 477	ちょっと ★	조금, 좀, 약간
☐ 478	追加 ついか	추가
☐ 479	通勤 つうきん ★	통근
☐ 480	通知 つうち ★	통지

	적중 단어	의미
☐ 481	通訳 ★ つうやく	통역
☐ 482	疲れる ★ つか	피곤하다, 지치다
☐ 483	就く つ	(직위, 위치) 오르다, 종사하다
☐ 484	着く つ	도착하다, 닿다
☐ 485	都合 つ ごう	형편, 사정
☐ 486	伝える つた	전하다, 전달하다
☐ 487	続き ★ つづ	연결, 계속
☐ 488	続ける つづ	계속하다
☐ 489	包む ★ つつ	싸다, 포장하다
☐ 490	勤める ★ つと	근무하다

た

		적중 단어	의미
☐	491	<ruby>冷<rt>つめ</rt></ruby>たい	차갑다
☐	492	<ruby>停電<rt>ていでん</rt></ruby> ★	정전
☐	493	<ruby>丁寧<rt>ていねい</rt></ruby>	공손함, 정중함
☐	494	<ruby>出来上<rt>できあ</rt></ruby>がる	완성되다
☐	495	デザイン ★	디자인
☐	496	<ruby>手伝<rt>てつだ</rt></ruby>う	돕다
☐	497	<ruby>電球<rt>でんきゅう</rt></ruby>	전구
☐	498	<ruby>伝言<rt>でんごん</rt></ruby> ★	전언
☐	499	<ruby>伝統<rt>でんとう</rt></ruby>	전통
☐	500	<ruby>天然<rt>てんねん</rt></ruby>	천연

퀴즈1 적중 단어와 의미를 바르게 연결해 보세요.

① チェックアウト ・　　　　　　　　・ A 교체, 변화

② デザイン　　　 ・　　　　　　　　・ B 체크아웃

③ チェンジ　　　 ・　　　　　　　　・ C 디자인

퀴즈2 다음 적중 단어를 올바르게 읽은 것을 고르세요.

① 伝言 전언　　　　　　　　A でんげん　　　　B でんごん

② 包む 싸다, 포장하다　　　　A つつむ　　　　　B ほうむ

③ 地球 지구　　　　　　　　A ちきゅう　　　　B じきゅう

JLPT 챌린지　_____의 읽는 법으로 가장 알맞은 것을 1·2·3·4에서 하나 고르세요.

① 週末にも働いたので、とても疲れた。　주말에도 일해서 너무나 지쳤다.

1 つかれた　　　2 たおれた　　　3 ひかれた　　　4 いわれた

② この国では、夏は停電になることがよくある。

이 나라에서는 여름은 정전이 되는 경우가 자주 있다.

1 でいでん　　　2 ていでん　　　3 ていてん　　　4 ちょうでん

3분 퀴즈 챌린지 정답 체크

퀴즈1 ① B ② C ③ A　　　**퀴즈2** ① B ② A ③ A　　　**JLPT 챌린지** ① 1 ② 2

도전! 오늘의 적중 단어의 읽는 법과 의미를 외워봅시다!

☑ 외운 단어를 셀프 체크해 보세요.

적중 단어	의미
☐ 501 　道具 どう ぐ	도구
☐ 502 　動作 ★ どう さ	동작
☐ 503 　当日 とうじつ	당일
☐ 504 　登場 ★ とうじょう	등장
☐ 505 　到着 ★ とうちゃく	도착
☐ 506 　通り過ぎる とお　　す	통과하다, 지나가다
☐ 507 　どきどき ★	두근두근, 가슴이 떨리는 모양
☐ 508 　得意だ ★ とく い	자신이 있다, 잘하다
☐ 509 　特色 とくしょく	특색
☐ 510 　独立 ★ どくりつ	독립

음원을 들으며 따라 읽어 보세요.

		적중 단어	의미
☐	511	解ける	풀리다, 해제되다
☐	512	溶ける ★	녹다
☐	513	都市	도시
☐	514	閉じる ★	닫다, (눈) 감다
☐	515	土地 ★	토지, 땅
☐	516	途中	도중
☐	517	突然 ★	돌연, 갑자기
☐	518	泊まる ★	숙박하다
☐	519	止まる	멈추다, 멎다
☐	520	取り上げる	집어 들다, 빼앗다

た

	적중 단어	의미
☐ 521	取り入れる	도입하다, 안에 넣다
☐ 522	取り替える	교체하다, 교환하다
☐ 523	取り消す ★	취소하다
☐ 524	取り出す	꺼내다, 추려 내다
☐ 525	努力 ★	노력
☐ 526	泥	진흙
☐ 527	とんとん ★	척척, 일이 순조롭게 진행되는 모양
☐ 528	内容 ★	내용
☐ 529	直す ★	고치다, 바로잡다
☐ 530	治す	(병) 고치다, 치료하다

	적중 단어	의미
☐ 531	流す なが	흘리다, 틀다, 씻어 내다
☐ 532	仲間 なか ま	동료, 친구
☐ 533	中身 なか み	내용물, 속, 실속
☐ 534	流れ ★ なが	흐름
☐ 535	泣く ★ な	울다
☐ 536	慰める なぐさ	위로하다, 달래다
☐ 537	殴る ★ なぐ	세게 때리다, 구타하다
☐ 538	投げ捨てる ★ な す	내던지다
☐ 539	投げる ★ な	던지다
☐ 540	納得 なっとく	납득

な

		적중 단어	의미
☐	541	撫でる	쓰다듬다, 어루만지다
☐	542	波	파도, 물결
☐	543	涙 ★	눈물
☐	544	悩む	고민하다, 괴로워하다
☐	545	並ぶ	줄 서다, 견주다
☐	546	並べる	진열하다, 나란히 놓다
☐	547	なるべく ★	가능한, 되도록
☐	548	慣れる	익숙해지다, 길들다
☐	549	何度も ★	몇 번이나
☐	550	似合う ★	어울리다

퀴즈1 적중 단어와 의미를 바르게 연결해 보세요.

① 似合う ・　　　　　　　　・ A 고치다, 바로잡다

② 直す ・　　　　　　　　　・ B 어울리다

③ 治す ・　　　　　　　　　・ C 고치다, 치료하다

퀴즈2 다음 적중 단어를 올바르게 읽은 것을 고르세요.

① 動作 동작　　　　　　 A どうさく　　　 B どうさ

② 何度も 몇 번이나　　　 A なんども　　　 B なにども

③ 投げる 던지다　　　　 A とうげる　　　 B なげる

JLPT 챌린지 ＿＿＿의 읽는 법으로 가장 알맞은 것을 1·2·3·4에서 하나 고르세요.

① 去年から、土地の値段が下がってきている。

작년부터 토지 가격이 떨어지고 있다.

1 つち　　　　 2 とじ　　　　 3 つじ　　　　 4 とち

② もっと努力して、必ずやって見せます。

더 노력해서 반드시 해 보이겠습니다.

1 とうりき　　 2 どうりょく　 3 どりょく　　 4 どりき

3분 퀴즈 챌린지 정답 체크

퀴즈1 ① B ② A ③ C　　　 **퀴즈2** ① B ② A ③ B　　　 **JLPT 챌린지** ① 4 ② 3

오늘의 적중 단어의 읽는 법과 의미를 외워봅시다!

☑ 외운 단어를 셀프 체크해 보세요.

	적중 단어	의미
☐ 551	<ruby>苦手<rt>にがて</rt></ruby>	서투름, 어렵고 싫다, 거북하다
☐ 552	<ruby>逃<rt>に</rt></ruby>げる ★	도망치다, 회피하다
☐ 553	<ruby>入試<rt>にゅうし</rt></ruby>	입시
☐ 554	<ruby>煮<rt>に</rt></ruby>る	익히다, 조리다, 삶다
☐ 555	<ruby>人数<rt>にんずう</rt></ruby>	인원수
☐ 556	<ruby>抜<rt>ぬ</rt></ruby>く	뽑다, 빼다, 선발하다
☐ 557	<ruby>脱<rt>ぬ</rt></ruby>ぐ	벗다
☐ 558	<ruby>盗<rt>ぬす</rt></ruby>む	훔치다
☐ 559	<ruby>濡<rt>ぬ</rt></ruby>れる ★	젖다
☐ 560	<ruby>値段<rt>ねだん</rt></ruby> ★	가격

적중 단어	의미
☐ 561 熱心 ★ ねっしん	열심
☐ 562 眠い ねむ	졸리다
☐ 563 能力 のうりょく	능력
☐ 564 除く のぞ	제거하다, 제외하다
☐ 565 望む のぞ	바라다, 희망하다
☐ 566 ノック ★	노크, 두드림
☐ 567 延ばす ★ の	연기하다, 연장하다
☐ 568 乗り換える の か	갈아타다
☐ 569 のろのろ	느릿느릿, 동작이 굼뜬 모양
☐ 570 配達 ★ はいたつ	배달

は

	적중 단어	의미
☐ 571	生える ★	나다, 자라다
☐ 572	測る ★	재다, 측량하다
☐ 573	掃く	(빗자루) 쓸다
☐ 574	激しい	격하다, 세차다
☐ 575	運ぶ ★	옮기다, 진척되다
☐ 576	走る ★	달리다
☐ 577	恥ずかしい	부끄럽다, 면목없다
☐ 578	はっきり ★	확실히, 똑똑히
☐ 579	発見 ★	발견
☐ 580	発生 ★	발생

		적중 단어	의미
☐	581	発展 ^{はってん} ★	발전
☐	582	発表 ^{はっぴょう} ★	발표
☐	583	派手だ ^{は で} ★	화려하다, 요란하다
☐	584	話し合う ^{はな あ} ★	서로 이야기하다, 의논하다
☐	585	ばらばら ★	뿔뿔이, 따로따로 흩어지는 모양
☐	586	晴れる ^は	맑다, 개다
☐	587	番組 ^{ばんぐみ}	프로그램, 방송
☐	588	反対 ^{はんたい} ★	반대
☐	589	パンフレット ★	팸플릿
☐	590	冷える ^ひ ★	차가워지다, 식다

は

	적중 단어	의미
☐ 591	比較 ひかく ★	비교
☐ 592	引き受ける ひ う ★	떠맡다, 인수하다
☐ 593	低い ひく ★	낮다, 작다
☐ 594	非常に ひ じょう ★	매우, 상당히
☐ 595	ぴったり ★	꼭, 딱, 알맞은(들어맞는) 모양
☐ 596	引っ張る ひ ぱ ★	잡아당기다, 잡아끌다
☐ 597	否定 ひ てい	부정
☐ 598	秘密 ひ みつ ★	비밀
☐ 599	微妙 び みょう	미묘
☐ 600	秒 びょう ★	초(시간 단위)

퀴즈1 적중 단어와 의미를 바르게 연결해 보세요.

① 延ばす　　・　　　　　　　　　・ A 떠맡다, 인수하다

② 引き受ける ・　　　　　　　　・ B 잡아당기다

③ 引っ張る　・　　　　　　　　　・ C 연기하다, 연장하다

퀴즈2 다음 적중 단어를 올바르게 읽은 것을 고르세요.

① 低い 낮다, 작다　　　　A ひろい　　　　B ひくい

② 派手だ 화려하다, 요란하다　A はでだ　　　B はしゅだ

③ 比較 비교　　　　　　　A ひかく　　　　B ひこう

JLPT 챌린지 ＿＿＿의 읽는 법으로 가장 알맞은 것을 1·2·3·4에서 하나 고르세요.

① 体が冷えることで発生する病気もある。

　　몸이 차가워지는 것으로 발생하는 병도 있다.

　1 さえる　　　2 つめたえる　　3 れいえる　　　4 ひえる

② 部屋のサイズを測ってからデザインを決めたい。

　　방 사이즈를 재고 나서 디자인을 정하고 싶다.

　1 はかって　　　2 ひたって　　3 そくって　　　4 とおって

3분 퀴즈 챌린지 정답 체크

퀴즈1 ① C ② A ③ B　　　**퀴즈2** ① B ② A ③ A　　　**JLPT 챌린지** ① 4 ② 1

도전! 오늘의 적중 단어의 읽는 법과 의미를 외워봅시다!

☑ 외운 단어를 셀프 체크해 보세요.

	적중 단어	의미
☐ 601	ひょうばん 評判	평판
☐ 602	ひょうめん 表面 ★	표면
☐ 603	ひ ろう 疲労	피로
☐ 604	ふ あん 不安 ★	불안
☐ 605	ふうけい 風景	풍경
☐ 606	ふう ふ 夫婦	부부
☐ 607	ふか 深い ★	깊다
☐ 608	ふ 拭く ★	닦다, 훔치다
☐ 609	ふくざつ 複雑 ★	복잡
☐ 610	ふくしゅう 復習	복습

음원을 들으며 따라 읽어 보세요.

		적중 단어	의미
☐	611	複数 ★ ふくすう	복수, 여러 개
☐	612	服装 ふくそう	복장, 옷차림
☐	613	普通 ★ ふつう	보통, 대개
☐	614	部分 ★ ぶぶん	부분
☐	615	ぶらぶら ★	어슬렁어슬렁, 지향 없이 거니는 모양
☐	616	ふらふら ★	비틀비틀, 걸음이 흔들리는 모양
☐	617	触れる ふ	접하다, 닿다
☐	618	分野 ぶんや	분야
☐	619	分類 ★ ぶんるい	분류
☐	620	平均 ★ へいきん	평균

は

	적중 단어	의미
☐ 621	平日 ^{へいじつ} ★	평일
☐ 622	平素 ^{へいそ}	평소
☐ 623	別々 ^{べつべつ} ★	각각, 따로따로
☐ 624	ぺらぺら ★	술술, 거침없이 지껄이는 모양
☐ 625	変 ^{へん} ★	이상함
☐ 626	変化 ^{へんか}	변화
☐ 627	変更 ^{へんこう}	변경
☐ 628	貿易 ^{ぼうえき}	무역
☐ 629	方角 ^{ほうがく} ★	방향, 방위
☐ 630	方向 ^{ほうこう} ★	방향

적중 단어	의미
☐ 631 報告 ★ ほうこく	보고
☐ 632 方法 ★ ほうほう	방법
☐ 633 訪問 ★ ほうもん	방문
☐ 634 法律 ★ ほうりつ	법률
☐ 635 募金 ぼきん	모금
☐ 636 募集 ★ ぼしゅう	모집
☐ 637 干す ★ ほす	말리다
☐ 638 細い ほそい	가늘다, 좁다
☐ 639 歩道 ほどう	보도, 인도
☐ 640 本日 ほんじつ	오늘, 금일

は

적중 단어	의미
☐ 641 翻訳 ★ ほんやく	번역
☐ 642 負ける ま	지다, 깎아 주다
☐ 643 まごまご	우물쭈물, 망설이는 모양
☐ 644 交ざる ★ ま	섞이다
☐ 645 貧しい まず	가난하다, 빈약하다
☐ 646 混ぜる ★ ま	혼합하다, 뒤섞다
☐ 647 窓口 まどぐち	창구
☐ 648 マナー ★	매너, 예의
☐ 649 間に合う ま　あ	제시간에 맞추다
☐ 650 招く まね	초대하다, 초래하다

퀴즈1 적중 단어와 의미를 바르게 연결해 보세요.

① 拭く ・   ・ A 말리다

② 干す ・   ・ B 혼합하다, 뒤섞다

③ 混ぜる ・   ・ C 닦다, 훔치다

퀴즈2 다음 적중 단어를 올바르게 읽은 것을 고르세요.

① 翻訳 번역   A ほんえき   B ほんやく

② 報告 보고   A ほうこく   B ほこく

③ 平日 평일   A へいにち   B へいじつ

JLPT 챌린지 _____의 읽는 법으로 가장 알맞은 것을 1·2·3·4에서 하나 고르세요.

① 復習が終わったものを分類しておいた。

복습이 끝난 것을 분류해 두었다.

1 ふんるい   2 ふんすう   3 ぶんるい   4 ぶんたく

② 先生のお宅を訪問することにした。 선생님 댁을 방문하기로 했다.

1 ほうもん   2 ほもん   3 ほうむん   4 ぼうもん

3분 퀴즈 챌린지 정답 체크

퀴즈1 ①C②A③B   **퀴즈2** ①B②A③B   **JLPT 챌린지** ①3②1

오늘의 적중 단어의 읽는 법과 의미를 외워봅시다!

☑ 외운 단어를 셀프 체크해 보세요.

	적중 단어	의미
☐ 651	まぶ 眩しい	눈부시다
☐ 652	まめ 豆	콩
☐ 653	まも 守る ★	지키다, 보호하다
☐ 654	まよ 迷う ★	헤매다, 망설이다
☐ 655	まる 丸い ★	둥글다
☐ 656	まわ 回す ★	돌리다, 회전시키다
☐ 657	まんぞく 満足	만족
☐ 658	み かた 見方	견해, 생각, 관점
☐ 659	みじか 短い ★	짧다
☐ 660	みずうみ 湖	호수

	적중 단어	의미
☐ 661	身近 _{みぢか}	신변, 가까운 곳
☐ 662	導く _{みちび}	이끌다, 인도하다
☐ 663	見つける _み	발견하다, 찾아내다
☐ 664	港 _{みなと}	항구
☐ 665	見本 _{み ほん} ★	견본, 샘플
☐ 666	未来 _{み らい} ★	미래
☐ 667	向かう _む	향하다, 가다, 마주 보다
☐ 668	向き _む ★	방향, (용도로) 적합함
☐ 669	剥く _む ★	(껍질을) 까다
☐ 670	結ぶ _{むす}	잇다, 묶다, 맺다

ま

	적중 단어	의미
☐ 671	娘 ^{むすめ} ★	딸
☐ 672	無駄だ ^{む だ} ★	쓸데없다
☐ 673	夢中 ^{む ちゅう}	열중함, 푹 빠짐
☐ 674	命令 ^{めいれい} ★	명령
☐ 675	迷惑 ^{めいわく}	민폐, 성가심
☐ 676	眼鏡 ^{め がね}	안경
☐ 677	目覚ましい ^{め ざ}	눈부시다, 놀랍다
☐ 678	珍しい ^{めずら}	드물다, 희한하다
☐ 679	目立つ ^{め だ}	눈에 띄다, 두드러지다
☐ 680	面接 ^{めんせつ}	면접

	적중 단어	의미
☐ 681	<ruby>面倒臭<rt>めんどうくさ</rt></ruby>い ★	아주 귀찮다, 성가시다
☐ 682	<ruby>申<rt>もう</rt></ruby>し<ruby>込<rt>こ</rt></ruby>み ★	신청
☐ 683	<ruby>申込書<rt>もうしこみしょ</rt></ruby> ★	신청서
☐ 684	<ruby>燃<rt>も</rt></ruby>える	불타다, 연소하다
☐ 685	<ruby>目的<rt>もくてき</rt></ruby>	목적
☐ 686	<ruby>目標<rt>もくひょう</rt></ruby> ★	목표
☐ 687	もったいない ★	아깝다, 과분하다
☐ 688	<ruby>森<rt>もり</rt></ruby>	우거진 숲, 삼림
☐ 689	<ruby>文句<rt>もんく</rt></ruby> ★	불평
☐ 690	<ruby>焼<rt>や</rt></ruby>く ★	굽다, 태우다

ま

	적중 단어	의미
☐ 691	訳す ★	번역하다
☐ 692	役立つ	도움이 되다, 쓸모가 있다
☐ 693	家賃 ★	집세
☐ 694	やっと ★	겨우, 가까스로
☐ 695	屋根	지붕
☐ 696	やはり ★	역시
☐ 697	破れる ★	찢어지다, 깨지다
☐ 698	やめる ★	그만두다
☐ 699	やり方 ★	짓, 하는 법
☐ 700	優勝	우승

퀴즈1 적중 단어와 의미를 바르게 연결해 보세요.

① 迷う ・　　　　　　　　　・ A 쓸데없다

② 無駄だ ・　　　　　　　　・ B 찢어지다, 깨지다

③ 破れる ・　　　　　　　　・ C 헤매다, 망설이다

퀴즈2 다음 적중 단어를 올바르게 읽은 것을 고르세요.

① 見本 견본　　　　　　A みほん　　　　B けんぽん

② 目標 목표　　　　　　A もくひょう　　B めひょう

③ 文句 불평　　　　　　A ぶんく　　　　B もんく

JLPT 챌린지 ( )에 들어갈 가장 알맞은 것을 1·2·3·4에서 하나 고르세요.

① 今は上司の( )にしたがうべきだと思う。

지금은 상사 명령에 따라야 한다고 생각한다.

1 伝統　　　　2 道具　　　　3 独立　　　　4 命令

② 5年も貯めた金を一日で使うなんて( )と思わないのか。

5년이나 모은 돈을 하루에 쓰다니 아깝다고 생각하지 않아?

1 もったいない　2 面倒くさい　3 目覚ましい　4 眩しい

3분 퀴즈 챌린지 정답 체크

퀴즈1 ① C ② A ③ B　　　**퀴즈2** ① A ② A ③ B　　　**JLPT 챌린지** ① 4 ② 1

도전! 오늘의 적중 단어의 읽는 법과 의미를 외워봅시다!

☑ 외운 단어를 셀프 체크해 보세요.

적중 단어	의미
☐ 701 夕食 (ゆうしょく)	석식, 저녁 식사
☐ 702 夕日 (ゆうひ) ★	석양
☐ 703 郵便 (ゆうびん) ★	우편
☐ 704 有名 (ゆうめい) ★	유명
☐ 705 ユーモア ★	유머
☐ 706 有料 (ゆうりょう)	유료
☐ 707 床 (ゆか)	마루, 바닥
☐ 708 行方 (ゆくえ)	행방, 장래
☐ 709 輸出 (ゆしゅつ)	수출
☐ 710 輸入 (ゆにゅう)	수입

	적중 단어	의미
☐ 711	ゆらゆら	한들한들, 가벼운 것이 흔들리는 모양
☐ 712	緩い	헐렁하다, 엄하지 않다, 완만하다
☐ 713	許す	용서하다, 허가하다, 허락하다
☐ 714	酔う	취하다, 멀미하다
☐ 715	用意	준비
☐ 716	容器 ★	용기, 그릇
☐ 717	要求	요구
☐ 718	用事	볼일, 용무
☐ 719	様子	모습, 상태
☐ 720	翌日 ★	익일, 다음 날

や

	적중 단어	의미
☐ 721	汚れる ^{よご} ★	더러워지다
☐ 722	予想 ^{よ そう} ★	예상
☐ 723	予定 ^{よ てい} ★	예정
☐ 724	夜中 ^{よ なか}	한밤중
☐ 725	呼びかける ^よ ★	호소하다, 당부하다
☐ 726	予報 ^{よ ほう}	예보
☐ 727	予防 ^{よ ぼう}	예방
☐ 728	予約 ^{よ やく} ★	예약
☐ 729	楽だ ^{らく} ★	편하다, 손쉽다
☐ 730	立派だ ^{りっ ぱ} ★	훌륭하다, 장하다

적중 단어	의미
☐ 731 理由 ★ <small>り ゆう</small>	이유
☐ 732 留学 <small>りゅうがく</small>	유학
☐ 733 両替 ★ <small>りょうがえ</small>	환전
☐ 734 領収書 <small>りょうしゅうしょ</small>	영수증
☐ 735 旅行 <small>りょこう</small>	여행
☐ 736 留守 ★ <small>る す</small>	부재
☐ 737 歴史 <small>れき し</small>	역사
☐ 738 レシピ ★	레시피
☐ 739 練習 ★ <small>れんしゅう</small>	연습
☐ 740 連絡 <small>れんらく</small>	연락

5

	적중 단어	의미
☐ 741	<ruby>録音<rt>ろくおん</rt></ruby>	녹음
☐ 742	<ruby>論文<rt>ろんぶん</rt></ruby>	논문
☐ 743	<ruby>若<rt>わか</rt></ruby>い ★	젊다, 어리다
☐ 744	<ruby>別<rt>わか</rt></ruby>れる ★	헤어지다, 이별하다
☐ 745	<ruby>沸<rt>わ</rt></ruby>く	(물) 끓다
☐ 746	<ruby>渡<rt>わた</rt></ruby>す ★	건네주다
☐ 747	<ruby>笑<rt>わら</rt></ruby>う	웃다
☐ 748	<ruby>割合<rt>わりあい</rt></ruby> ★	비율
☐ 749	<ruby>割引<rt>わりびき</rt></ruby> ★	할인
☐ 750	<ruby>割<rt>わ</rt></ruby>れる ★	갈라지다, 깨지다, 나누어지다

퀴즈1 적중 단어와 의미를 바르게 연결해 보세요.

① 夕日 ·　　　　　　· A 환전

② 翌日 ·　　　　　　· B 석양

③ 両替 ·　　　　　　· C 다음 날

퀴즈2 다음 적중 단어를 올바르게 읽은 것을 고르세요.

① 若い 젊다, 어리다　　　　A わかい　　　　B にがい

② 郵便 우편　　　　　　　A ゆびん　　　　B ゆうびん

③ 留守 부재　　　　　　　A るす　　　　　B りゅうしゅ

JLPT 챌린지 ＿＿＿의 읽는 법으로 가장 알맞은 것을 1·2·3·4에서 하나 고르세요.

① 汚れないようにしてください。　더러워지지 않도록 해 주세요.

1 きたれ　　　2 よごれ　　　3 おれ　　　　4 こわれ

② その商品は50パーセント割引されている。

그 상품은 50퍼센트 할인되고 있다.

1 わりひき　　　2 かつびき　　　3 わりびき　　　4 かつひき

3분 퀴즈 챌린지 정답 체크

퀴즈1 ① B ② C ③ A　　　**퀴즈2** ① A ② B ③ A　　　**JLPT 챌린지** ① 2 ② 3

N3

제2장

한국어+일본어
VOCA

오늘의 적중 단어의 의미와 읽는 법을 외워봅시다!

☑ 외운 단어를 셀프 체크해 보세요.

		의미	적중 단어
☐	001	가격	価格 ^{かかく}
☐	002	가격 *	値段 ^{ねだん}
☐	003	가난하다, 빈약하다	貧しい ^{まず}
☐	004	가늘다, 좁다	細い ^{ほそ}
☐	005	가능한, 되도록 *	なるべく
☐	006	가라앉다, 잠기다	沈む ^{しず}
☐	007	가렵다, 간지럽다 *	かゆい
☐	008	가르치다 *	教える ^{おし}
☐	009	가볍다 *	軽い ^{かる}
☐	010	가정	仮定 ^{かてい}

		의미	적중 단어
☐	011	가치	価値 (か ち)
☐	012	각각, 따로따로 ★	別々 (べつべつ)
☐	013	각국	各国 (かっこく)
☐	014	각지	各地 (かく ち)
☐	015	간격 ★	間隔 (かんかく)
☐	016	간단하다, 쉽다 ★	簡単だ (かんたん)
☐	017	간수하다, 끝내다, 마치다 ★	仕舞う (し ま)
☐	018	갈라지다, 깨지다, 나누어지다 ★	割れる (わ)
☐	019	갈아타다	乗り換える (の り か)
☐	020	감격	感激 (かんげき)

	의미	적중 단어
☐ 021	감동 *	かんどう 感動
☐ 022	감소 *	げんしょう 減少
☐ 023	강연	こうえん 講演
☐ 024	강화	きょうか 強化
☐ 025	개다, 접다 *	たた 畳む
☐ 026	개인 *	こじん 個人
☐ 027	개찰(구) *	かいさつ 改札
☐ 028	거듭하다, 포개다, 쌓아 올리다 *	かさ 重ねる
☐ 029	거리 *	きょり 距離
☐ 030	거울	かがみ 鏡

의미	적중 단어
☐ 031 거절하다 *	^{ことわ}断る
☐ 032 거짓말	^{うそ}嘘
☐ 033 거품	^{あわ}泡
☐ 034 건, 사항 *	^{けん}件
☐ 035 건강 *	^{けんこう}健康
☐ 036 건네주다 *	^{わた}渡す
☐ 037 건설 *	^{けんせつ}建設
☐ 038 건축 *	^{けんちく}建築
☐ 039 검게 타다, 그을리다	^こ焦げる
☐ 040 검사 *	^{けんさ}検査

		의미	적중 단어
☐	041	게시	けいじ 掲示
☐	042	겨우, 가까스로 ★	やっと
☐	043	격하다, 세차다	はげ 激しい
☐	044	견본, 샘플 ★	み ほん 見本
☐	045	견해, 생각, 관점	み かた 見方
☐	046	결과	けっ か 結果
☐	047	결국 ★	けっきょく 結局
☐	048	결석 ★	けっせき 欠席
☐	049	결심	けっしん 決心
☐	050	결점, 약점 ★	けってん 欠点

퀴즈1 의미와 적중 단어를 바르게 연결해 보세요.

① 깨지다 ・　　　　　　　　　・ A 渡す

② 거절하다 ・　　　　　　　　・ B 割れる

③ 건네주다 ・　　　　　　　　・ C 断る

퀴즈2 다음 적중 단어의 한자 표기로 올바른 것을 고르세요.

① 건축 けんちく　　　　　A 建築　　　　　B 健築

② 개다 たたむ　　　　　　A 畳む　　　　　B 疊む

③ 거듭하다 かさねる　　　A 複ねる　　　　B 重ねる

JLPT 챌린지 ＿＿＿의 읽는 법으로 가장 알맞은 것을 1・2・3・4에서 하나 고르세요.

① 少し間隔をあけて並んでください。　조금 간격을 두고 줄 서 주세요.

1 まかく　　　2 あいだかく　　　3 けんかく　　　4 かんかく

② 誰にでも欠点一つぐらいはある。　누구에게나 결점 하나 정도는 있다.

1 しってん　　2 けってん　　　3 しつてん　　　4 けつてん

3분 퀴즈 챌린지 정답 체크

퀴즈1 ①B②C③A　　　**퀴즈2** ①A②A③B　　　**JLPT 챌린지** ①4②2

오늘의 적중 단어의 의미와 읽는 법을 외워봅시다!

☑ 외운 단어를 셀프 체크해 보세요.

		의미	적중 단어
☐	051	경영 *	けいえい 経営
☐	052	경유 *	けい ゆ 経由
☐	053	경축일, 공휴일	しゅくじつ 祝日
☐	054	경치, 풍경	け し き 景色
☐	055	경험	けいけん 経験
☐	056	계산 *	けいさん 計算
☐	057	계속하다	つづ 続ける
☐	058	계약	けいやく 契約
☐	059	고민하다, 괴로워하다	なや 悩む
☐	060	고약한 냄새가 나다	くさ 臭い

		의미	적중 단어
☐	061	고치다, 바로잡다 ★	直す なお
☐	062	고치다, 치료하다	治す なお
☐	063	곤란하다 ★	困る こま
☐	064	곧, 바로, 빨리, 즉시 ★	早速 さっそく
☐	065	공석, 빈자리	空席 くうせき
☐	066	공손함, 정중함	丁寧 ていねい
☐	067	공통	共通 きょうつう
☐	068	과거 ★	過去 か こ
☐	069	과정	過程 か てい
☐	070	관객	観客 かんきゃく

ㄱ

의미	적중 단어
☐ 071　관광 *	かんこう 観光
☐ 072　관심 *	かんしん 関心
☐ 073　광고 *	こうこく 広告
☐ 074　괴롭다, 고통스럽다 *	くる 苦しい
☐ 075　교류 *	こうりゅう 交流
☐ 076　교체, 변화 *	チェンジ
☐ 077　교체하다, 교환하다	と　か 取り替える
☐ 078　교환 *	こうかん 交換
☐ 079　구멍	あな 穴
☐ 080　구별 *	く べつ 区別

음원을 들으며 따라 읽어 보세요.

		의미	적중 단어
☐	081	국적	こくせき 国籍
☐	082	굽다, 태우다 *	や 焼く
☐	083	권하다, 권유하다	さそ 誘う
☐	084	귀국	きこく 帰国
☐	085	귀중	きちょう 貴重
☐	086	귀퉁이, 구석 *	かど 角
☐	087	규칙 *	きそく 規則
☐	088	그립다 *	こい 恋しい
☐	089	그만두다 *	やめる
☐	090	그저, 단지 *	ただ

		의미	적중 단어
☐	091	근무하다 *	<ruby>勤<rt>つと</rt></ruby>める
☐	092	근심스럽다, 걱정되다 *	<ruby>心配<rt>しんぱい</rt></ruby>だ
☐	093	근처, 근방	<ruby>辺<rt>あた</rt></ruby>り
☐	094	금연	<ruby>禁煙<rt>きんえん</rt></ruby>
☐	095	금지	<ruby>禁止<rt>きんし</rt></ruby>
☐	096	기계 *	<ruby>機械<rt>きかい</rt></ruby>
☐	097	기념 *	<ruby>記念<rt>きねん</rt></ruby>
☐	098	기대 *	<ruby>期待<rt>きたい</rt></ruby>
☐	099	기록 *	<ruby>記録<rt>きろく</rt></ruby>
☐	100	기한 *	<ruby>期限<rt>きげん</rt></ruby>

퀴즈1 의미와 적중 단어를 바르게 연결해 보세요.

① 광고 •

② 관광 •

③ 계산 •

• A 計算^{けいさん}

• B 観光^{かんこう}

• C 広告^{こうこく}

퀴즈2 다음 적중 단어의 한자 표기로 올바른 것을 고르세요.

① 근무하다 つとめる   A 勤める   B 勧める

② 그립다 こいしい   A 変しい   B 恋しい

③ 교체하다 とりかえる   A 取り替える   B 取り査える

JLPT 챌린지 ＿＿＿의 읽는 법으로 가장 알맞은 것을 1·2·3·4에서 하나 고르세요.

① 10年使った機械なので、もう使えない。

10년 사용한 기계이므로 더 이상 쓸 수 없다.

　1 ぎかい　　　2 きがい　　　3 きけい　　　4 きかい

② 日本を経由してアメリカに行くことになった。

일본을 경유해서 미국에 가게 되었다.

　1 けいよし　　2 けいゆう　　3 けいよ　　　4 けいゆ

3분 퀴즈 챌린지 정답 체크

퀴즈1 ① C ② B ③ A   **퀴즈2** ① A ② B ③ A   **JLPT 챌린지** ① 4 ② 4

오늘의 적중 단어의 의미와 읽는 법을 외워봅시다!

☑ 외운 단어를 셀프 체크해 보세요.

		의미	적중 단어
☐	101	기회	<ruby>機会<rt>き かい</rt></ruby>
☐	102	긴장 *	<ruby>緊張<rt>きんちょう</rt></ruby>
☐	103	깊다 *	<ruby>深い<rt>ふか</rt></ruby>
☐	104	까다 *	<ruby>剥く<rt>む</rt></ruby>
☐	105	꺼내다, 추려 내다	<ruby>取り出す<rt>と だ</rt></ruby>
☐	106	꺾다, 접다 *	<ruby>折る<rt>お</rt></ruby>
☐	107	꺾이다, 접히다 *	<ruby>折れる<rt>お</rt></ruby>
☐	108	꼭 닮음 *	そっくり
☐	109	꼭, 딱, 알맞은(들어맞는) 모양 *	ぴったり
☐	110	꽤, 무척 *	ずいぶん

음원을 들으며 따라 읽어 보세요.

의미	적중 단어
☐ **111** 끓다	<ruby>沸<rt>わ</rt></ruby>く
☐ **112** 끝 *	<ruby>終<rt>お</rt></ruby>わり
☐ **113** 끝나다 *	<ruby>終<rt>お</rt></ruby>わる
☐ **114** 끝내다 *	<ruby>終<rt>お</rt></ruby>わらせる
☐ **115** 나누어 주다 *	<ruby>配<rt>くば</rt></ruby>る
☐ **116** 나다, 자라다 *	<ruby>生<rt>は</rt></ruby>える
☐ **117** 나른하다 *	だるい
☐ **118** 나타나다	<ruby>現<rt>あらわ</rt></ruby>れる
☐ **119** 나타내다	<ruby>現<rt>あらわ</rt></ruby>す
☐ **120** 나타내다, 가리키다	<ruby>示<rt>しめ</rt></ruby>す

		의미	적중 단어
☐	121	날이 밝다, 새다, 끝나다	明ける
☐	122	날카롭다, 예리하다	鋭い
☐	123	남다, 넘치다	余る
☐	124	납득	納得
☐	125	낮다, 작다 *	低い
☐	126	내던지다 *	投げ捨てる
☐	127	내리다 *	降りる
☐	128	내용 *	内容
☐	129	내용물, 속, 실속	中身
☐	130	넘어지다, 구르다 *	転ぶ

음원을 들으며 따라 읽어 보세요.

의미	적중 단어
☐ 131 노력 *	<ruby>努力<rt>ど りょく</rt></ruby>
☐ 132 노크, 두드림 *	ノック
☐ 133 녹다 *	<ruby>溶<rt>と</rt></ruby>ける
☐ 134 녹음	<ruby>録音<rt>ろくおん</rt></ruby>
☐ 135 논문	<ruby>論文<rt>ろんぶん</rt></ruby>
☐ 136 놀라다	<ruby>驚<rt>おどろ</rt></ruby>く
☐ 137 농담 *	<ruby>冗談<rt>じょうだん</rt></ruby>
☐ 138 눈물 *	<ruby>涙<rt>なみだ</rt></ruby>
☐ 139 눈부시게 빛나다, 반짝이다	<ruby>輝<rt>かがや</rt></ruby>く
☐ 140 눈부시다	<ruby>眩<rt>まぶ</rt></ruby>しい

		의미	적중 단어
☐	141	눈부시다, 놀랍다	目覚ましい
☐	142	눈에 띄다, 두드러지다	目立つ
☐	143	느낌, 기분 *	感じ
☐	144	느릿느릿, 동작이 굼뜬 모양	のろのろ
☐	145	능력	能力
☐	146	늦다, 느리다 *	遅い
☐	147	늦다, 더디다 *	遅れる
☐	148	다르다, 틀리다	違う
☐	149	다소, 꽤	多少
☐	150	닦다, 훔치다 *	拭く

퀴즈1 의미와 적중 단어를 바르게 연결해 보세요.

① 꼭, 딱 ・　　　　　　　　　・ A そっくり

② 꼭 닮음 ・　　　　　　　　・ B のろのろ

③ 느릿느릿 ・　　　　　　　・ C ぴったり

퀴즈2 다음 적중 단어의 한자 표기로 올바른 것을 고르세요.

① 나누어주다 くばる　　　　　A 酉る　　　　B 配る

② 긴장 きんちょう　　　　　　A 緊張　　　　B 緊長

③ 눈물 なみだ　　　　　　　　A 涙　　　　　B 戻

JLPT 챌린지 ＿＿＿의 읽는 법으로 가장 알맞은 것을 1・2・3・4에서 하나 고르세요.

① 日本のバスは降りるときに料金を払うこともある。

일본 버스는 내릴 때 요금을 지불하는 경우도 있다.

1 たりる　　　　2 おりる　　　　3 こりる　　　　4 かりる

② 教授の説明を聞いて納得した。 교수님의 설명을 듣고 납득했다.

1 なつとく　　　2 のうとく　　　3 なつえ　　　　4 なっとく

3분 퀴즈 챌린지 정답 체크

퀴즈1 ①C②A③B　　　퀴즈2 ①B②A③A　　　JLPT 챌린지 ①2②4

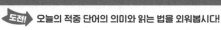

도전! 오늘의 적중 단어의 의미와 읽는 법을 외워봅시다!

☑ 외운 단어를 셀프 체크해 보세요.

		의미	적중 단어
☐	151	단단하다, 딱딱하다 *	かた 固い
☐	152	단단히, 꼭, 꽉 *	しっかり
☐	153	단순하다 *	たんじゅん 単純だ
☐	154	단어 *	たん ご 単語
☐	155	단체	だんたい 団体
☐	156	닫다, (눈) 감다 *	と 閉じる
☐	157	달리다 *	はし 走る
☐	158	담당	たんとう 担当
☐	159	담임	たんにん 担任
☐	160	당일	とうじつ 当日

음원을 들으며 따라 읽어 보세요.

		의미	적중 단어
☐	161	당황하다, 허둥대다 *	慌^{あわ}てる
☐	162	대금	代金^{だいきん}
☐	163	대량 *	大量^{たいりょう}
☐	164	대표 *	代表^{だいひょう}
☐	165	대회 *	大会^{たいかい}
☐	166	더러워지다 *	汚^{よご}れる
☐	167	더럽다, 불결하다 *	汚^{きたな}い
☐	168	더하다, 가하다 *	加^{くわ}える
☐	169	던지다 *	投^なげる
☐	170	데우다 *	温^{あたた}める

		의미	적중 단어
☐	171	도구	道具 (どうぐ)
☐	172	도망치다, 회피하다 *	逃げる (にげる)
☐	173	도시	都市 (とし)
☐	174	도와주다, 구조하다 *	助ける (たすける)
☐	175	도움이 되다, 쓸모가 있다	役立つ (やくだつ)
☐	176	도입하다, 안에 넣다	取り入れる (とりいれる)
☐	177	도중	途中 (とちゅう)
☐	178	도착 *	到着 (とうちゃく)
☐	179	도착하다, 닿다	着く (つく)
☐	180	독립 *	独立 (どくりつ)

		의미	적중 단어
☐	181	돌려주다 *	かえ 返す
☐	182	돌리다, 회전시키다 *	まわ 回す
☐	183	돌연, 갑자기 *	とつぜん 突然
☐	184	돕다 *	て つだ 手伝う
☐	185	동료, 친구	なか ま 仲間
☐	186	동작 *	どう さ 動作
☐	187	두근두근, 가슴이 떨리는 모양 *	どきどき
☐	188	두껍다, 두텁다 *	あつ 厚い
☐	189	두통 *	ず つう 頭痛
☐	190	둘러싸이다 *	かこ 囲まれる

		의미	적중 단어
☐	191	둥글다 *	まる 丸い
☐	192	뒤섞다 *	かき混ぜる
☐	193	뒷면, 안 *	うら 裏
☐	194	드디어	いよいよ
☐	195	드물다, 희한하다	めずら 珍しい
☐	196	등장 *	とうじょう 登場
☐	197	디자인 *	デザイン
☐	198	따뜻하다, 훈훈하다 *	あたた 暖かい
☐	199	따라붙다 *	お 追いつく
☐	200	따르다	したが 従う

퀴즈1 의미와 적중 단어를 바르게 연결해 보세요.

① 둘러싸이다 ・　　　　　　　・ A 囲まれる

② 따라잡다 ・　　　　　　　・ B 助ける

③ 도와주다 ・　　　　　　　・ C 追いつく

퀴즈2 다음 적중 단어의 한자 표기로 올바른 것을 고르세요.

① 도망치다 にげる　　　　A 避ける　　　　B 逃げる

② 단단하다 かたい　　　　A 困い　　　　B 固い

③ 도착 とうちゃく　　　　A 致着　　　　B 到着

JLPT 챌린지 ＿＿＿의 읽는 법으로 가장 알맞은 것을 1·2·3·4에서 하나 고르세요.

① 子どもが突然泣き出した。　아이가 갑자기 울기 시작했다.

1 とつねん　　　2 とっぜん　　　3 とうぜん　　　4 とつぜん

② 彼女が登場して人々の関心をあつめた。

　그녀가 등장하여 사람들의 관심을 모았다.

1 とうば　　　2 とうじょう　　　3 どうば　　　4 どうじょう

3분 퀴즈 챌린지 정답 체크

퀴즈1 ① A ② C ③ B　　　　**퀴즈2** ① B ② B ③ B　　　　**JLPT 챌린지** ① 4 ② 2

> **도전!** 오늘의 적중 단어의 의미와 읽는 법을 외워봅시다!

☑ 외운 단어를 셀프 체크해 보세요.

		의미	적중 단어
☐	201	딸 *	むすめ 娘
☐	202	땀 *	あせ 汗
☐	203	떠맡다, 인수하다 *	ひ う 引き受ける
☐	204	뜨다, 들뜨다	う 浮く
☐	205	레시피 *	レシピ
☐	206	마루, 바닥	ゆか 床
☐	207	마르다, 시들다 *	か 枯れる
☐	208	만족	まんぞく 満足
☐	209	만지다, 건드리다, 닿다 *	さわ 触る
☐	210	말리다 *	ほ 干す

		의미	적중 단어
☐	211	맑다, 개다	晴れる
☐	212	맞다 *	当たる
☐	213	맡다, 보관하다	預かる
☐	214	매너, 예의 *	マナー
☐	215	매우, 상당히 *	非常に
☐	216	매진되다	売り切れる
☐	217	머리카락	髪
☐	218	멈추다, 멎다	止まる
☐	219	면접	面接
☐	220	명령 *	命令

		의미	적중 단어
☐	221	몇 번이나 *	なん ど 何度も
☐	222	모금	ぼ きん 募金
☐	223	모습, 상태	よう す 様子
☐	224	모양, 형태	かたち 形
☐	225	모으다, 저축하다 *	た 貯める
☐	226	모으다, 집중시키다 *	あつ 集める
☐	227	모집 *	ぼ しゅう 募集
☐	228	모처럼, 애써서 *	せっかく
☐	229	목적	もくてき 目的
☐	230	목표 *	もくひょう 目標

의미	적중 단어
☐ 231　무심코, 깜박 *	うっかり
☐ 232　무역	ぼうえき 貿易
☐ 233　묶다 *	しば 縛る
☐ 234　문득 생각이 떠오르다	おも　つ 思い付く
☐ 235　묻다, 메우다 *	う 埋める
☐ 236　묻다, 질문하다	たず 尋ねる
☐ 237　미래 *	み　らい 未来
☐ 238　미묘	び　みょう 微妙
☐ 239　민폐, 성가심	めいわく 迷惑
☐ 240　믿다 *	しん 信じる

		의미	적중 단어
☐	241	밑줄 *	下線 か せん
☐	242	바꾸다, 교환하다 *	替える か
☐	243	바꾸다, 교환하다	換える か
☐	244	바꾸다, 변화하다	変える か
☐	245	바라다, 희망하다	望む のぞ
☐	246	바위 *	岩 いわ
☐	247	바짝바짝, 바싹 마른 모양 *	からから
☐	248	반대 *	反対 はんたい
☐	249	반드시, 꼭 *	必ず かなら
☐	250	반복하다	繰り返す く かえ

퀴즈1 의미와 적중 단어를 바르게 연결해 보세요.

① 맞다　　　·

② 묻다　　　·

③ 바꾸다　　·

· A 替える

· B 当たる

· C 埋める

퀴즈2 다음 적중 단어의 한자 표기로 올바른 것을 고르세요.

① 땀 あせ　　　　　　　A 汗　　　　　　B 干

② 만지다 さわる　　　　A 解る　　　　　B 触る

③ 묶다 しばる　　　　　A 縛る　　　　　B 博

JLPT 챌린지 _____의 읽는 법으로 가장 알맞은 것을 1·2·3·4에서 하나 고르세요.

① <u>反対</u>の意見がないようなので、これで終わります。

반대 의견이 없는 것 같으니까 이것으로 마치겠습니다.

1 はんだい　　　2 はんつい　　　3 そりだい　　　4 はんたい

② 市民の<u>様子</u>を直接見るチャンスはなかなかない。

시민 모습을 직접 볼 기회는 좀처럼 없다.

1 ようす　　　2 ようし　　　3 ようじ　　　4 ようこ

3분 퀴즈 챌린지 정답 체크

퀴즈1 ① B ② C ③ A　　　**퀴즈2** ① A ② B ③ A　　　**JLPT 챌린지** ① 4 ② 1

DAY 06 오늘의 적중 단어 리스트

학습일 : 월 일

DAY 06 MP3

 오늘의 적중 단어의 의미와 읽는 법을 외워봅시다!

☑ 외운 단어를 셀프 체크해 보세요.

		의미	적중 단어
☐	251	발견 *	はっけん 発見
☐	252	발견하다, 찾아내다	み 見つける
☐	253	발생 *	はっせい 発生
☐	254	발전 *	はってん 発展
☐	255	발표 *	はっぴょう 発表
☐	256	방문 *	ほうもん 訪問
☐	257	방문하다, 찾다	たず 訪ねる
☐	258	방법 *	ほうほう 方法
☐	259	방송함 *	アナウンス
☐	260	방향 *	ほうこう 方向

의미	적중 단어
☐ 261 방향, (용도에) 적합함 ★	む 向き
☐ 262 방향, 방위 ★	ほうがく 方角
☐ 263 배달 ★	はいたつ 配達
☐ 264 번역 ★	ほんやく 翻訳
☐ 265 번역하다 ★	やく 訳す
☐ 266 법률 ★	ほうりつ 法律
☐ 267 벗다	ぬ 脱ぐ
☐ 268 베끼다, 묘사하다	うつ 写す
☐ 269 벽	かべ 壁
☐ 270 변경	へんこう 変更

ㅂ

		의미	적중 단어
☐	271	변화	<ruby>変化<rt>へんか</rt></ruby>
☐	272	보고 *	<ruby>報告<rt>ほうこく</rt></ruby>
☐	273	보내다, 지내다	<ruby>過<rt>す</rt></ruby>ごす
☐	274	보도, 인도	<ruby>歩道<rt>ほどう</rt></ruby>
☐	275	보송보송, 습기가 없고 끈적끈적하지 않은 모양	さらさら
☐	276	보통, 대개 *	<ruby>普通<rt>ふつう</rt></ruby>
☐	277	복수, 여러 개 *	<ruby>複数<rt>ふくすう</rt></ruby>
☐	278	복습	<ruby>復習<rt>ふくしゅう</rt></ruby>
☐	279	복잡 *	<ruby>複雑<rt>ふくざつ</rt></ruby>
☐	280	복장, 옷차림	<ruby>服装<rt>ふくそう</rt></ruby>

		의미	적중 단어
☐	281	볼일, 용무	<ruby>用事<rt>よう じ</rt></ruby>
☐	282	부끄럽다, 면목없다	<ruby>恥<rt>は</rt></ruby>ずかしい
☐	283	부모	<ruby>親<rt>おや</rt></ruby>
☐	284	부부	<ruby>夫婦<rt>ふう ふ</rt></ruby>
☐	285	부분 *	<ruby>部分<rt>ぶ ぶん</rt></ruby>
☐	286	부재 *	<ruby>留守<rt>る す</rt></ruby>
☐	287	부정	<ruby>否定<rt>ひ てい</rt></ruby>
☐	288	부탁하다, 청하다, 시키다	<ruby>頼<rt>たの</rt></ruby>む
☐	289	분류 *	<ruby>分類<rt>ぶんるい</rt></ruby>
☐	290	분야	<ruby>分野<rt>ぶん や</rt></ruby>

ㅂ

		의미	적중 단어
☐	291	불타다, 연소하다	燃える
☐	292	불안 *	不安
☐	293	불평 *	文句
☐	294	비교 *	比較
☐	295	비밀 *	秘密
☐	296	비율 *	割合
☐	297	비틀비틀, 걸음이 흔들리는 모양 *	ふらふら
☐	298	빌다, 기원하다	祈る
☐	299	빌리다 *	借りる
☐	300	빚, 돈을 꿈	借金

퀴즈1 의미와 적중 단어를 바르게 연결해 보세요.

① 비율 ・　　　　　　　　　・ A 方角^{ほうがく}

② 빚 ・　　　　　　　　　　・ B 割合^{わりあい}

③ 방향 ・　　　　　　　　　・ C 借金^{しゃっきん}

퀴즈2 다음 적중 단어의 한자 표기로 올바른 것을 고르세요.

① 비밀 ひみつ　　　　　A 秘密　　　　B 科密

② 불타다 もえる　　　　A 然える　　　B 燃える

③ 부정 ひてい　　　　　A 否定　　　　B 不定

JLPT 챌린지 (　　　)에 들어갈 가장 알맞은 것을 1・2・3・4에서 하나 고르세요.

① その薬の(　　　)で多くの人の命を救われた。

그 약의 발견으로 많은 사람의 목숨을 구했다.

1 発見　　　　2 許可　　　　　3 決心　　　　　4 建設

② 夕飯は(　　)やコンビニのものを食べることが多い。

저녁밥은 배달이나 편의점 음식을 먹는 경우가 많다.

1 変化　　　　2 配達　　　　　3 部分　　　　　4 複数

3분 퀴즈 챌린지 정답 체크

퀴즈1　①B②C③A　　　퀴즈2　①A②B③A　　　JLPT 챌린지　①1②2

도전! 오늘의 적중 단어의 의미와 읽는 법을 외워봅시다!

☑ 외운 단어를 셀프 체크해 보세요.

		의미	적중 단어
☐	301	빠지다, 탐닉하다	<ruby>溺<rt>おぼ</rt></ruby>れる
☐	302	뽑다, 빼다, 선발하다	<ruby>抜<rt>ぬ</rt></ruby>く
☐	303	뿔뿔이, 따로따로 흩어지는 모양 ★	ばらばら
☐	304	사고	<ruby>事故<rt>じこ</rt></ruby>
☐	305	사과하다	<ruby>謝<rt>あやま</rt></ruby>る
☐	306	사인, 서명 ★	サイン
☐	307	사정 ★	<ruby>事情<rt>じじょう</rt></ruby>
☐	308	살다, 생활하다	<ruby>暮<rt>くら</rt></ruby>す
☐	309	살짝, 가만히 ★	そっと
☐	310	상담 ★	<ruby>相談<rt>そうだん</rt></ruby>

		의미	적중 단어
☐	311	상대 *	あい て 相手
☐	312	상상 *	そうぞう 想像
☐	313	상세하다, 자세히 알고 있다	くわ 詳しい
☐	314	상업 *	しょうぎょう 商業
☐	315	상처, 흠 *	きず 傷
☐	316	상품 *	しょうひん 商品
☐	317	샘플, 견본 *	サンプル
☐	318	서두르다, 재촉하다	いそ 急ぐ
☐	319	서로 알게 되다 *	し あ 知り合う
☐	320	서로 이야기하다, 의논하다 *	はな あ 話し合う

人

		의미	적중 단어
☐	321	서로, 상호간 *	お互いに
☐	322	서류	書類
☐	323	서비스 *	サービス
☐	324	서투름, 어렵고 싫다, 거북하다	苦手
☐	325	석식, 저녁 식사	夕食
☐	326	석양 *	夕日
☐	327	섞이다 *	交ざる
☐	328	선 *	線
☐	329	선수 *	選手
☐	330	선전, 홍보	宣伝

		의미	적중 단어
☐	331	선택하다, 고르다	えら 選ぶ
☐	332	성격 *	せいかく 性格
☐	333	성격이 급하다 *	たん き 短気だ
☐	334	성적 *	せいせき 成績
☐	335	세게 때리다, 구타하다 *	なぐ 殴る
☐	336	세금	ぜいきん 税金
☐	337	세다	かぞ 数える
☐	338	세트, 두다 *	セット
☐	339	소개	しょうかい 紹介
☐	340	소금 *	しお 塩

人

		의미	적중 단어
☐	341	소비 *	消費 しょうひ
☐	342	소중하다, 중요하다 *	大事だ だいじ
☐	343	솜씨가 뛰어나다, 잘하다 *	上手い うま
☐	344	송신	送信 そうしん
☐	345	수다 떨다, (다른 사람에게) 말하다	喋る しゃべ
☐	346	수도 *	首都 しゅと
☐	347	수리	修理 しゅうり
☐	348	수상하다, 의심스럽다	怪しい あや
☐	349	수술	手術 しゅじゅつ
☐	350	수요	需要 じゅよう

퀴즈1 의미와 적중 단어를 바르게 연결해 보세요.

① 서두르다 •   • A 交ざる

② 섞이다 •   • B 殴る

③ 세게 때리다 •   • C 急ぐ

퀴즈2 다음 적중 단어의 한자 표기로 올바른 것을 고르세요.

① 선수 せんしゅ   A 巽手   B 選手

② 소비 しょうひ   A 消費   B 削費

③ 성적 せいせき   A 成責   B 成績

JLPT 챌린지 ＿＿＿의 의미와 가장 가까운 것을 1·2·3·4에서 하나 고르세요.

① 子供が寝ている間にそっと家を出た。

아이가 자고 있는 사이에 몰래 집을 나왔다.

1 音が出るように   2 気づかないように

3 大事にするように   4 わかるように

② 店先に売り物を並べた。 가게 앞에 물건을 진열했다.

1 商品   2 需要   3 借り物   4 送り品

3분 퀴즈 챌린지 정답 체크

퀴즈1 ①C②A③B   퀴즈2 ①B②A③B   JLPT 챌린지 ①2②1

오늘의 적중 단어의 의미와 읽는 법을 외워봅시다!

 외운 단어를 셀프 체크해 보세요.

		의미	적중 단어
☐	351	수입	<ruby>輸<rt>ゆ</rt></ruby><ruby>入<rt>にゅう</rt></ruby> 輸入
☐	352	수입, 소득	<ruby>収<rt>しゅう</rt></ruby><ruby>入<rt>にゅう</rt></ruby> 収入
☐	353	수정	<ruby>修<rt>しゅう</rt></ruby><ruby>正<rt>せい</rt></ruby> 修正
☐	354	수출	<ruby>輸<rt>ゆ</rt></ruby><ruby>出<rt>しゅつ</rt></ruby> 輸出
☐	355	숙박하다 *	<ruby>泊<rt>と</rt></ruby>まる
☐	356	순번, 차례 *	<ruby>順<rt>じゅん</rt></ruby><ruby>番<rt>ばん</rt></ruby> 順番
☐	357	술술, 거침없이 지껄이는 모양 *	ぺらぺら
☐	358	숨기다, 감추다 *	<ruby>隠<rt>かく</rt></ruby>す
☐	359	스피드, 속도 *	スピード
☐	360	슬슬, 시간이 다 되어가는 모양 *	そろそろ

의미	적중 단어
☐ 361 슬프다, 애처롭다	悲^{かな}しい
☐ 362 승차 *	乗車^{じょうしゃ}
☐ 363 시식	試食^{し しょく}
☐ 364 시합, 경기	試合^{し あい}
☐ 365 시험하다, 시도하다	試^{ため}す
☐ 366 식기 *	食器^{しょっ き}
☐ 367 신변, 가까운 곳	身近^{み ぢか}
☐ 368 신선 *	新鮮^{しんせん}
☐ 369 신장, 키 *	身長^{しんちょう}
☐ 370 신중	慎重^{しんちょう}

人

		의미	적중 단어
☐	371	신청	しんせい **申請**
☐	372	신청 *	もう こ **申し込み**
☐	373	신청서 *	もうしこみしょ **申込書**
☐	374	신호	しんごう **信号**
☐	375	실내	しつない **室内**
☐	376	실력 *	じつりょく **実力**
☐	377	실망하는 모양	**がっかり**
☐	378	실업	しつぎょう **失業**
☐	379	실용적이다 *	じつようてき **実用的だ**
☐	380	실패, 실수	しっぱい **失敗**

의미	적중 단어
☐ 381 실험	じっけん 実験
☐ 382 싫어하다, 미워하다 *	きら 嫌う
☐ 383 심각함, 진지함	しんけん 真剣
☐ 384 심다 *	う 植える
☐ 385 심하다, 과격하다, 고되다 *	きつい
☐ 386 싸다, 포장하다 *	つつ 包む
☐ 387 쌓이다, 모이다	た 溜まる
☐ 388 쏴쏴, 비가 몹시 오는 모양 *	ざあざあ
☐ 389 쓰다듬다, 어루만지다	な 撫でる
☐ 390 쓰러지다, 넘어지다	たお 倒れる

人

	의미	적중 단어
☐ 391	쓸다	掃く
☐ 392	쓸데없다 *	無駄だ
☐ 393	아까, 조금 전 *	さっき
☐ 394	아깝다, 과분하다 *	もったいない
☐ 395	아깝다, 아쉽다 *	惜しい
☐ 396	아름답다 *	美しい
☐ 397	아이디어, 생각 *	アイディア
☐ 398	아주 귀찮다, 성가시다 *	面倒臭い
☐ 399	아침 식사, 조식 *	朝食
☐ 400	아프다 *	痛い

퀴즈1 의미와 적중 단어를 바르게 연결해 보세요.

① 숙박하다　　・　　　　　　　・ A 掃く

② 쓰러지다　　・　　　　　　　・ B 泊まる

③ 쓸다　　　　・　　　　　　　・ C 倒れる

퀴즈2 다음 적중 단어의 한자 표기로 올바른 것을 고르세요.

① 실력 じつりょく　　　　　A 実力　　　　　B 実力

② 아침 식사 ちょうしょく　　A 乾食　　　　　B 朝食

③ 식기 しょっき　　　　　　A 食器　　　　　B 飲器

JLPT 챌린지 ＿＿＿의 읽는 법으로 가장 알맞은 것을 1·2·3·4에서 하나 고르세요.

① もしものこともあるので、<u>慎重</u>に進めていこう。

　만약의 일도 있으니까 신중히 진행해 가자.

　1 しんじゅう　　2 しんちょう　　3 しんじゅ　　4 しんちょ

② ネットで<u>申請</u>をしてきた人は2階に上がってください。

　인터넷으로 신청을 하고 온 사람은 2층으로 올라가 주세요.

　1 もうしうけ　　2 しんしょう　　3 しんせい　　4 もうししょ

3분 퀴즈 챌린지 정답 체크

퀴즈1 ① B ② C ③ A　　**퀴즈2** ① A ② B ③ A　　**JLPT 챌린지** ① 2 ② 3

도전! 오늘의 적중 단어의 의미와 읽는 법을 외워봅시다!

☑ 외운 단어를 셀프 체크해 보세요.

		의미	적중 단어
☐	401	안경	めがね 眼鏡
☐	402	안정되다, 침착하다 *	お ち つ 落ち着く
☐	403	안쪽, 내면 *	うちがわ 内側
☐	404	알아차리다, 깨닫다 *	き づ 気付く
☐	405	암기 *	あん き 暗記
☐	406	앞지르다 *	お ぬ 追い抜く
☐	407	얕다 *	あさ 浅い
☐	408	어깨	かた 肩
☐	409	어느 새인가 *	ま いつの間にか
☐	410	어슬렁어슬렁, 지향 없이 거니는 모양 *	ぶらぶら

의미	적중 단어
☐ 411 어울리다 *	似合う <small>に あ</small>
☐ 412 언덕	丘 <small>おか</small>
☐ 413 언덕길	坂道 <small>さかみち</small>
☐ 414 언제나, 늘 *	いつも
☐ 415 얼굴	顔 <small>かお</small>
☐ 416 엄하다, 혹독하다	厳しい <small>きび</small>
☐ 417 에너지 *	エネルギー
☐ 418 여행	旅行 <small>りょこう</small>
☐ 419 역사	歴史 <small>れき し</small>
☐ 420 역시 *	やはり

		의미	적중 단어
☐	421	연결, 계속 ★	<ruby>続<rt>つづ</rt></ruby>き
☐	422	연기 ★	<ruby>延<rt>えん</rt></ruby><ruby>期<rt>き</rt></ruby>
☐	423	연기하다, 연장하다 ★	<ruby>延<rt>の</rt></ruby>ばす
☐	424	연락	<ruby>連<rt>れん</rt></ruby><ruby>絡<rt>らく</rt></ruby>
☐	425	연못	<ruby>池<rt>いけ</rt></ruby>
☐	426	연습 ★	<ruby>練<rt>れん</rt></ruby><ruby>習<rt>しゅう</rt></ruby>
☐	427	연주	<ruby>演<rt>えん</rt></ruby><ruby>奏<rt>そう</rt></ruby>
☐	428	열심 ★	<ruby>熱<rt>ねっ</rt></ruby><ruby>心<rt>しん</rt></ruby>
☐	429	열중함, 푹 빠짐	<ruby>夢<rt>む</rt></ruby><ruby>中<rt>ちゅう</rt></ruby>
☐	430	영수증	<ruby>領<rt>りょう</rt></ruby><ruby>収<rt>しゅう</rt></ruby><ruby>書<rt>しょ</rt></ruby>

의미	적중 단어
☐ 431 영양 *	えいよう 栄養
☐ 432 영업	えいぎょう 営業
☐ 433 영원	えいえん 永遠
☐ 434 영향 *	えいきょう 影響
☐ 435 예방	よぼう 予防
☐ 436 예보	よほう 予報
☐ 437 예상 *	よそう 予想
☐ 438 예약 *	よやく 予約
☐ 439 예정 *	よてい 予定
☐ 440 오늘, 금일	ほんじつ 本日

		의미	적중 단어
☐	441	오르다, 종사하다	就く
☐	442	오픈, 개점 *	オープン
☐	443	온난화	温暖化
☐	444	온도	温度
☐	445	온천	温泉
☐	446	옮기다, 진척되다 *	運ぶ
☐	447	완성 *	完成
☐	448	완성되다	出来上がる
☐	449	왕복	往復
☐	450	왕성함, 번성함 *	盛ん

퀴즈1 의미와 적중 단어를 바르게 연결해 보세요.

① 안정되다 ·   · A 厳しい

② 종사하다 ·   · B 落ち着く

③ 엄하다 ·   · C 就く

퀴즈2 다음 적중 단어의 한자 표기로 올바른 것을 고르세요.

① 연습 れんしゅう   A 繰習   B 練習

② 영향 えいきょう   A 影響   B 景響

③ 옮기다 はこぶ   A 連ぶ   B 運ぶ

JLPT 챌린지 _____의 의미와 가장 가까운 것을 1·2·3·4에서 하나 고르세요.

① <u>往復</u>に2時間はかかります。 왕복에 2시간은 걸립니다.

1 行って帰るの   2 行き着くの

3 乗りかえるの   4 行き続けるの

② <u>出来上がったら</u>、手をあげてください。 완성되면 손 들어주세요.

1 完成したら   2 頼んだら

3 通り過ぎたら   4 取り出したら

3분 퀴즈 챌린지 정답 체크

퀴즈1 ① B ② C ③ A   **퀴즈2** ① B ② A ③ B   **JLPT 챌린지** ① 1 ② 1

DAY 10 오늘의 적중 단어 리스트

학습일: 월 일

 오늘의 적중 단어의 의미와 읽는 법을 외워봅시다!

☑ 외운 단어를 셀프 체크해 보세요.

		의미	적중 단어
☐	451	외식 *	がいしょく 外食
☐	452	외우다, 기억하다, 익히다 *	おぼ 覚える
☐	453	외출	がいしゅつ 外出
☐	454	외치다, 강하게 주장하다 *	さけ 叫ぶ
☐	455	요구	ようきゅう 要求
☐	456	용기, 그릇 *	ようき 容器
☐	457	용서하다, 허가하다, 허락하다	ゆる 許す
☐	458	우거진 숲, 삼림	もり 森
☐	459	우르르, 천둥이 울리는 소리 뒹굴뒹굴, 빈둥대는 모양	ごろごろ
☐	460	우물쭈물, 망설이는 모양	まごまご

음원을 들으며 따라 읽어 보세요.

		의미	적중 단어
☐	461	우승	<ruby>優勝<rt>ゆうしょう</rt></ruby>
☐	462	우연히, 우연 ★	<ruby>偶然<rt>ぐうぜん</rt></ruby>
☐	463	우편 ★	<ruby>郵便<rt>ゆうびん</rt></ruby>
☐	464	욱신욱신, 상처가 쑤시면서 아픈 모양 ★	ずきずき
☐	465	운동장 ★	<ruby>運動場<rt>うんどうじょう</rt></ruby>
☐	466	운행	<ruby>運行<rt>うんこう</rt></ruby>
☐	467	울다 ★	<ruby>泣<rt>な</rt></ruby>く
☐	468	움직이다, 작동하다	<ruby>動<rt>うご</rt></ruby>く
☐	469	웃는 얼굴 ★	<ruby>笑顔<rt>えがお</rt></ruby>
☐	470	웃다	<ruby>笑<rt>わら</rt></ruby>う

		의미	적중 단어
☐	471	원료 *	げんりょう 原料
☐	472	원인 *	げんいん 原因
☐	473	위 *	い 胃
☐	474	위로하다, 달래다	なぐさ 慰める
☐	475	위험하다 *	き けん 危険だ
☐	476	유감, 안타까움	ざんねん 残念
☐	477	유료	ゆうりょう 有料
☐	478	유머 *	ユーモア
☐	479	유명 *	ゆうめい 有名
☐	480	유학	りゅうがく 留学

의미	적중 단어
☐ 481 응모 *	おう ぼ 応募
☐ 482 응원 *	おうえん 応援
☐ 483 의문 *	ぎ もん 疑問
☐ 484 의상	い しょう 衣装
☐ 485 의식	い しき 意識
☐ 486 의심하다 *	うたが 疑う
☐ 487 의외로 *	い がい 意外に
☐ 488 의지 *	い し 意志
☐ 489 의지하다 *	たよ 頼る
☐ 490 이기다, 쟁취하다 *	か 勝つ

☑ 외운 단어를 셀프 체크해 보세요.

	의미	적중 단어
☐ 491	이끌다, 인도하다	導く
☐ 492	이동 *	移動
☐ 493	이상하다, 우습다 *	おかしい
☐ 494	이상함 *	変
☐ 495	이외	以外
☐ 496	이유 *	理由
☐ 497	이후 *	以降
☐ 498	익숙해지다, 길들다	慣れる
☐ 499	익일, 다음 날 *	翌日
☐ 500	익히다, 조리다, 삶다	煮る

퀴즈1 의미와 적중 단어를 바르게 연결해 보세요.

① 위로하다 •   • A 勝つ

② 의심하다 •   • B 疑う

③ 이기다 •   • C 慰める

퀴즈2 다음 적중 단어의 한자 표기로 올바른 것을 고르세요.

① 이동 いどう   A 移動   B 移働

② 원인 げんいん   A 原因   B 原困

③ 위 い   A 異   B 胃

JLPT 챌린지 ____의 읽는 법으로 가장 알맞은 것을 1·2·3·4에서 하나 고르세요.

① 高校の時の先生に偶然会った。 고등학교 때 선생님을 우연히 만났다.

1 くうぜん   2 ぐうぜん   3 くうねん   4 ぐねん

② 学生たちは暗記することが多くて、困っている。

학생들은 암기할 것이 많아서 곤란해하고 있다.

1 あんき   2 くらき   3 あんぎ   4 くらぎ

3분 퀴즈 챌린지 정답 체크

퀴즈1 ①C②B③A   **퀴즈2** ①A②A③B   **JLPT 챌린지** ①2②1

도전! 오늘의 적중 단어의 의미와 읽는 법을 외워봅시다!

☑ 외운 단어를 셀프 체크해 보세요.

		의미	적중 단어
☐	501	인상 *	いんしょう 印象
☐	502	인쇄	いんさつ 印刷
☐	503	인원수	にんずう 人数
☐	504	일반적 *	いっぱんてき 一般的
☐	505	잃어버리다	うしな 失う
☐	506	입시	にゅうし 入試
☐	507	잇다, 묶다, 맺다	むす 結ぶ
☐	508	자랑	じ まん 自慢
☐	509	자료	し りょう 資料
☐	510	자리 *	せき 席

의미	적중 단어
☐ 511 자세	姿勢 し せい
☐ 512 자신 ★	自信 じ しん
☐ 513 자신이 있다, 잘하다 ★	得意だ とく い
☐ 514 자연 ★	自然 し ぜん
☐ 515 자원 ★	資源 し げん
☐ 516 자유 ★	ご自由 じ ゆう
☐ 517 자택	自宅 じ たく
☐ 518 잔업, 야근 ★	残業 ざんぎょう
☐ 519 잘다, 자세하다, 까다롭다 ★	細かい こま
☐ 520 잠깐, 당분간 ★	しばらく

ス

		의미	적중 단어
☐	521	잡아당기다, 잡아끌다 *	引っ張る
☐	522	장래	将来
☐	523	재다, 측량하다 *	測る
☐	524	재료 *	材料
☐	525	저금	貯金
☐	526	적극적 *	積極的
☐	527	적어도, 최소한	せめて
☐	528	전공	専攻
☐	529	전구	電球
☐	530	전문가	専門家

		의미	적중 단어
☐	531	전부 *	ぜん ぶ 全部
☐	532	전언 *	でんごん 伝言
☐	533	전통	でんとう 伝統
☐	534	전하다, 전달하다	つた 伝える
☐	535	전혀 *	ぜんぜん 全然
☐	536	절대, 무조건 *	ぜったい 絶対
☐	537	절약	せつやく 節約
☐	538	젊다, 어리다 *	わか 若い
☐	539	접수, 접수처	うけつけ 受付
☐	540	접하다, 닿다	ふ 触れる

ざ

	의미	적중 단어
☐ 541	정답 *	せいかい 正解
☐ 542	정돈하다, 치우다 *	かた づ 片付ける
☐ 543	정리 *	せい り 整理
☐ 544	정면, 겉면, 밖	おもて 表
☐ 545	정보 *	じょうほう 情報
☐ 546	정전 *	ていでん 停電
☐ 547	정체 *	じゅうたい 渋滞
☐ 548	정확	せいかく 正確
☐ 549	젖다 *	ぬ 濡れる
☐ 550	제거하다, 제외하다	のぞ 除く

퀴즈1 의미와 적중 단어를 바르게 연결해 보세요.

① 인쇄 •   • A 将来(しょうらい)

② 자원 •   • B 資源(しげん)

③ 장래 •   • C 印刷(いんさつ)

퀴즈2 다음 적중 단어의 한자 표기로 올바른 것을 고르세요.

① 전부 ぜんぶ   A 全部   B 金部

② 정리 せいり   A 敷理   B 整理

③ 제거하다 のぞく   A 敘く   B 除く

JLPT 챌린지 _____의 의미와 가장 가까운 것을 1·2·3·4에서 하나 고르세요.

① 右のドアから表に出ることができます。

오른쪽에 있는 문에서 밖으로 나올 수 있습니다.

1 後ろ   2 前   3 正面   4 外

② 少しの間、家を留守にする。 잠시 동안 집을 비운다.

1 せめて   2 しばらく

3 いつの間に   4 そろそろの時間に

3분 퀴즈 챌린지 정답 체크

퀴즈1 ① C ② B ③ A   **퀴즈2** ① A ② B ③ B   **JLPT 챌린지** ① 4 ② 2

오늘의 적중 단어의 의미와 읽는 법을 외워봅시다!

☑ 외운 단어를 셀프 체크해 보세요.

		의미	적중 단어
☐	551	제법, 충분히 *	けっこう 結構
☐	552	제복, 교복 *	せいふく 制服
☐	553	제시간에 맞추다	ま あ 間に合う
☐	554	제한 *	せいげん 制限
☐	555	조금, 좀, 약간 *	ちょっと
☐	556	조금도 *	すこ 少しも
☐	557	조금도, 잠시도 *	ちっとも
☐	558	조금씩 *	すこ 少しずつ
☐	559	조사 *	ちょう さ 調査
☐	560	조사하다, 살펴보다 *	しら 調べる

		의미	적중 단어
☐	561	조용하다, 잠잠하다 ★	<ruby>静<rt>しず</rt></ruby>かだ
☐	562	조절	<ruby>調節<rt>ちょうせつ</rt></ruby>
☐	563	조퇴 ★	<ruby>早退<rt>そうたい</rt></ruby>
☐	564	존경	<ruby>尊敬<rt>そんけい</rt></ruby>
☐	565	존재	<ruby>存在<rt>そんざい</rt></ruby>
☐	566	존중 ★	<ruby>尊重<rt>そんちょう</rt></ruby>
☐	567	졸리다	<ruby>眠<rt>ねむ</rt></ruby>い
☐	568	졸업 ★	<ruby>卒業<rt>そつぎょう</rt></ruby>
☐	569	종류 ★	<ruby>種類<rt>しゅるい</rt></ruby>
☐	570	좇다, (뒤)따르다 ★	<ruby>追<rt>お</rt></ruby>う

ㅈ

		의미	적중 단어
☐	571	주간지 ★	しゅうかん し 週刊誌
☐	572	주요 ★	しゅよう 主要
☐	573	주위	しゅう い 周囲
☐	574	주의	ちゅう い 注意
☐	575	주장 ★	しゅちょう 主張
☐	576	주차 ★	ちゅうしゃ 駐車
☐	577	주택	じゅうたく 住宅
☐	578	준비	よう い 用意
☐	579	줄 서다, 견주다	なら 並ぶ
☐	580	중대하다 ★	じゅうだい 重大だ

의미	적중 단어
☐ 581 중식, 점심 식사 *	<ruby>昼食<rt>ちゅうしょく</rt></ruby>
☐ 582 중요	<ruby>重要<rt>じゅうよう</rt></ruby>
☐ 583 중지	<ruby>中止<rt>ちゅうし</rt></ruby>
☐ 584 즐겁다 *	<ruby>楽<rt>たの</rt></ruby>しい
☐ 585 증가	<ruby>増加<rt>ぞうか</rt></ruby>
☐ 586 지각	<ruby>遅刻<rt>ちこく</rt></ruby>
☐ 587 지겨움, 따분함 *	<ruby>退屈<rt>たいくつ</rt></ruby>
☐ 588 지구 *	<ruby>地球<rt>ちきゅう</rt></ruby>
☐ 589 지급 *	<ruby>支給<rt>しきゅう</rt></ruby>
☐ 590 지다, 깎아 주다	<ruby>負<rt>ま</rt></ruby>ける

ㅈ

		의미	적중 단어
☐	591	지도	指導 (しどう)
☐	592	지름길, 샛길	近道 (ちかみち)
☐	593	지면, 땅바닥	地面 (じめん)
☐	594	지붕	屋根 (やね)
☐	595	지시 *	指示 (しじ)
☐	596	지식	知識 (ちしき)
☐	597	지역	地域 (ちいき)
☐	598	지연	遅延 (ちえん)
☐	599	지인, 아는 사람	知人 (ちじん)
☐	600	지정	指定 (してい)

퀴즈1 의미와 적중 단어를 바르게 연결해 보세요.

① 조용하다 ・   ・ A 静かだ

② 지다 ・   ・ B 並ぶ

③ 줄 서다 ・   ・ C 負ける

퀴즈2 다음 적중 단어의 한자 표기로 올바른 것을 고르세요.

① 지역 ちいき   A 地域   B 地或

② 지급 しきゅう   A 支給   B 支統

③ 즐겁다 たのしい   A 薬しい   B 楽しい

JLPT 챌린지 _____의 의미와 가장 가까운 것을 1・2・3・4에서 하나 고르세요.

① 列車が遅延して遅刻した。 열차가 지연되어 지각했다.

1 時間より早く来て   2 時間通りに来て

3 時間通りに来なくて   4 時間の間に来て

② 兄が教えてくれたので、上達できた。 형이 가르쳐줘서 숙달할 수 있었다.

1 招待してくれた   2 出発してくれた

3 制限してくれた   4 指導してくれた

3분 퀴즈 챌린지 정답 체크

퀴즈1 ①A②C③B   **퀴즈2** ①A②A③B   **JLPT 챌린지** ①3②4

오늘의 적중 단어의 의미와 읽는 법을 외워봅시다!

☑ 외운 단어를 셀프 체크해 보세요.

		의미	적중 단어
☐	601	지출	支出
☐	602	지치다, 피로하다	くたびれる
☐	603	지키다, 보호하다 ★	守る
☐	604	직업	職業
☐	605	직접	直接
☐	606	진단	診断
☐	607	진보	進歩
☐	608	진열하다, 나란히 놓다	並べる
☐	609	진학	進学
☐	610	진흙	泥

의미	적중 단어
☐ 611 집단	しゅうだん 集団
☐ 612 집세 *	や ちん 家賃
☐ 613 집어 들다, 빼앗다	と あ 取り上げる
☐ 614 집주인	おお や 大家
☐ 615 집중 *	しゅうちゅう 集中
☐ 616 집합 *	しゅうごう 集合
☐ 617 짓, 하는 법 *	かた やり方
☐ 618 짙다, 진하다	こ 濃い
☐ 619 짜다, 뜨다, 편찬하다	あ 編む
☐ 620 짧다 *	みじか 短い

ㅈ

		의미	적중 단어
☐	621	찢어지다, 깨지다 *	破れる
☐	622	차가워지다, 식다 *	冷える
☐	623	차갑다	冷たい
☐	624	찬성	賛成
☐	625	찬스, 기회 *	チャンス
☐	626	참가 *	参加
☐	627	창구	窓口
☐	628	찾다 *	探す
☐	629	책임	責任
☐	630	챌린지, 도전 *	チャレンジ

		의미	적중 단어
☐	631	처리	<ruby>処理<rt>しょ り</rt></ruby>
☐	632	처음, 최초 ★	<ruby>最初<rt>さいしょ</rt></ruby>
☐	633	척척, 일이 순조롭게 진행되는 모양 ★	とんとん
☐	634	천연	<ruby>天然<rt>てんねん</rt></ruby>
☐	635	청결 ★	<ruby>清潔<rt>せいけつ</rt></ruby>
☐	636	체력	<ruby>体力<rt>たいりょく</rt></ruby>
☐	637	체재, 체류 ★	<ruby>滞在<rt>たいざい</rt></ruby>
☐	638	체크아웃 ★	チェックアウト
☐	639	초(시간 단위) ★	<ruby>秒<rt>びょう</rt></ruby>
☐	640	초대	<ruby>招待<rt>しょうたい</rt></ruby>

		의미	적중 단어
☐	641	초대하다, 초래하다	招^{まね}く
☐	642	초조한 모양	いらいら
☐	643	최근 *	最近^{さいきん}
☐	644	최신 *	最新^{さいしん}
☐	645	추가	追加^{ついか}
☐	646	축소	縮小^{しゅくしょう}
☐	647	축하 *	お祝^{いわ}い
☐	648	축하하다	祝^{いわ}う
☐	649	출근 *	出勤^{しゅっきん}
☐	650	출발	出発^{しゅっぱつ}

퀴즈1 의미와 적중 단어를 바르게 연결해 보세요.

① 짜다, 뜨다　　　•　　　　　　• A 招く

② 초대하다　　　•　　　　　　• B 編む

③ 축하하다　　　•　　　　　　• C 祝う

퀴즈2 다음 적중 단어의 한자 표기로 올바른 것을 고르세요.

① 축소 しゅくしょう　　　A 縮小　　　B 縮少

② 찾다 さがす　　　　　　A 深す　　　B 探す

③ 초 びょう　　　　　　　A 秒　　　　B 妙

JLPT 챌린지 ＿＿＿의 의미와 가장 가까운 것을 1·2·3·4에서 하나 고르세요.

① 新しく加えられた仕事も重要だが、今までの仕事も大事だ。

새롭게 더해진 일도 중요하지만, 지금까지의 일도 중요하다.

　1 向上された　　2 参加された　　3 指定された　　4 追加された

② 医者の判断では、母は手術した方がいいという。

의사 판단으로는 엄마는 수술하는 편이 좋다고 한다.

　1 診断　　　　2 実験　　　　3 担当　　　　4 調査

3분 퀴즈 챌린지 정답 체크

퀴즈1 ①B②A③C　　**퀴즈2** ①A②B③A　　　**JLPT 챌린지** ①4②1

도전! **오늘의 적중 단어의 의미와 읽는 법을 외워봅시다!**

☑ 외운 단어를 셀프 체크해 보세요.

	의미	적중 단어
☐ 651	출신	しゅっしん 出身
☐ 652	출장 *	しゅっちょう 出張
☐ 653	충돌	しょうとつ 衝突
☐ 654	충분	じゅうぶん 十分
☐ 655	취소하다 *	と け 取り消す
☐ 656	취직 *	しゅうしょく 就職
☐ 657	취하다, 멀미하다	よ 酔う
☐ 658	측량	そくりょう 測量
☐ 659	친하다 *	した 親しい
☐ 660	카탈로그 *	カタログ

의미	적중 단어
☐ 661 칼로리 *	カロリー
☐ 662 캔슬, 취소 *	キャンセル
☐ 663 커머셜, 광고 *	コマーシャル
☐ 664 커브, 곡선 *	カーブ
☐ 665 커트, 잘라냄 *	カット
☐ 666 콜록콜록, 기침을 하는 모양, 펑펑, 눈이 내리는 모양 *	こんこん
☐ 667 콩	豆まめ
☐ 668 크기 *	大おおきさ
☐ 669 텅텅, 비어 있는 모양, 걸걸, 목소리가 거친 모양 *	がらがら
☐ 670 토지, 땅 *	土地とち

	의미	적중 단어
☐ 671	통과하다, 지나가다	通り過ぎる
☐ 672	통근 *	通勤
☐ 673	통역 *	通訳
☐ 674	통지 *	通知
☐ 675	퇴원 *	退院
☐ 676	특색	特色
☐ 677	파도, 물결	波
☐ 678	팸플릿 *	パンフレット
☐ 679	편하다, 손쉽다 *	楽だ
☐ 680	평균 *	平均

음원을 들으며 따라 읽어 보세요.

의미	적중 단어
☐ 681 평소	へい そ 平素
☐ 682 평일 *	へいじつ 平日
☐ 683 평판	ひょうばん 評判
☐ 684 포기하다 *	あきら 諦める
☐ 685 표면 *	ひょうめん 表面
☐ 686 푹 잠든 모양	ぐっすり
☐ 687 풀리다, 해제되다	ほど 解ける
☐ 688 풍경	ふうけい 風景
☐ 689 프로그램, 방송	ばんぐみ 番組
☐ 690 피곤하다, 지치다 *	つか 疲れる

		의미	적중 단어
☐	691	피로	<ruby>疲労<rt>ひ ろう</rt></ruby>
☐	692	한들한들, 가벼운 것이 흔들리는 모양	ゆらゆら
☐	693	한밤중	<ruby>夜中<rt>よ なか</rt></ruby>
☐	694	한창	<ruby>最中<rt>さいちゅう</rt></ruby>
☐	695	한편으로 *	<ruby>一方<rt>いっぽう</rt></ruby>で
☐	696	할인 *	<ruby>割引<rt>わりびき</rt></ruby>
☐	697	합격하다, (시험에) 붙다	<ruby>受<rt>う</rt></ruby>かる
☐	698	합치다, 어우르다 *	<ruby>合<rt>あ</rt></ruby>わせる
☐	699	항공	<ruby>航空<rt>こうくう</rt></ruby>
☐	700	항구	<ruby>港<rt>みなと</rt></ruby>

3분 퀴즈 챌린지

학습일:　　월　　일

맞은 개수　　개/8개

퀴즈1 의미와 적중 단어를 바르게 연결해 보세요.

① 충돌 ・　　　　　　　・ A 特色
とくしょく

② 측량 ・　　　　　　　・ B 衝突
しょうとつ

③ 특색 ・　　　　　　　・ C 測量
そくりょう

퀴즈2 다음 적중 단어의 한자 표기로 올바른 것을 고르세요.

① 풀리다 とける　　　　　A 解ける　　　　B 角ける

② 포기하다 あきらめる　　A 帝める　　　　B 諦める

③ 풍경 ふうけい　　　　　A 風景　　　　　B 風影

JLPT 챌린지 ＿＿＿의 읽는 법으로 가장 알맞은 것을 1・2・3・4에서 하나 고르세요.

① 最近のテレビ番組はつまらない。　최근 TV 프로그램은 재미없다.

　1 ばんくみ　　　2 ばんしょう　　　3 はんくみ　　　4 ばんぐみ

② 表面が汚れている品物は、売ることができない。

　　표면이 더럽혀져 있는 상품은 팔 수가 없다.

　1 ひょうめん　　2 へいめん　　　3 ひょうづら　　4 へいづら

3분 퀴즈 챌린지 정답 체크

퀴즈1 ① B ② C ③ A　　　**퀴즈2** ① A ② B ③ A　　　**JLPT 챌린지** ① 4 ② 1

오늘의 적중 단어의 의미와 읽는 법을 외워봅시다!

☑ 외운 단어를 셀프 체크해 보세요.

		의미	적중 단어
☐	701	해결 *	かいけつ **解決**
☐	702	해소	かいしょう **解消**
☐	703	행방, 장래	ゆくえ **行方**
☐	704	행사	ぎょうじ **行事**
☐	705	향상	こうじょう **向上**
☐	706	향상, 숙달	じょうたつ **上達**
☐	707	향하다, 가다, 마주 보다	む **向かう**
☐	708	허가	きょか **許可**
☐	709	허공, 빔 *	から **空**
☐	710	허둥지둥, 당황하는 모양 *	うろうろ

음원을 들으며 따라 읽어 보세요.

		의미	적중 단어
☐	711	허리 ★	こし 腰
☐	712	헐렁하다, 엄하지 않다, 완만하다	ゆる 緩い
☐	713	헐렁헐렁, 옷이 커서 몸에 맞지 않는 모양 ★	だぶだぶ
☐	714	헤매다, 망설이다 ★	まよ 迷う
☐	715	헤어지다, 이별하다 ★	わか 別れる
☐	716	현실	げんじつ 現実
☐	717	현재 ★	げんざい 現在
☐	718	혈압 ★	けつあつ 血圧
☐	719	혈액 ★	けつえき 血液
☐	720	협력 ★	きょうりょく 協力

		의미	적중 단어
☐	721	형편, 사정	都合 <small>つ ごう</small>
☐	722	호소하다, 당부하다 *	呼びかける <small>よ</small>
☐	723	호수	湖 <small>みずうみ</small>
☐	724	호흡 *	呼吸 <small>こ きゅう</small>
☐	725	혼잡	混雑 <small>こんざつ</small>
☐	726	혼합하다, 뒤섞다 *	混ぜる <small>ま</small>
☐	727	화내다, 꾸짖다 *	怒る <small>おこ</small>
☐	728	화려하다, 요란하다 *	派手だ <small>は で</small>
☐	729	확실 *	確実 <small>かくじつ</small>
☐	730	확실함, 틀림없음 *	確か <small>たし</small>

의미	적중 단어
☐ 731 확실히, 똑똑히 *	はっきり
☐ 732 환경	環境 かんきょう
☐ 733 환영	歓迎 かんげい
☐ 734 환전 *	両替 りょうがえ
☐ 735 회비	会費 かいひ
☐ 736 회수	回収 かいしゅう
☐ 737 회화, 그림 *	絵画 かいが
☐ 738 횡단 *	横断 おうだん
☐ 739 효과적이다 *	効果的だ こうかてき
☐ 740 훈련 *	訓練 くんれん

		의미	적중 단어
☐	741	훌륭하다, 근사하다	素晴らしい
☐	742	훌륭하다, 장하다 *	立派だ
☐	743	훌륭하다, 기특하다	偉い
☐	744	훔치다	盗む
☐	745	휴일 *	休日
☐	746	흐름 *	流れ
☐	747	흔들흔들, 크게 흔들려 움직이는 모양 *	ぐらぐら
☐	748	흘리다, 틀다, 씻어 내다	流す
☐	749	희망 *	希望
☐	750	힘들다 *	大変だ

퀴즈1 의미와 적중 단어를 바르게 연결해 보세요.

① 헐렁헐렁 ·   · A ぐらぐら

② 확실히 ·   · B だぶだぶ

③ 흔들흔들 ·   · C はっきり

퀴즈2 다음 적중 단어의 한자 표기로 올바른 것을 고르세요.

① 희망 きぼう   A 希望   B 救望

② 훈련 くんれん   A 談練   B 訓練

③ 혼잡 こんざつ   A 混雑   B 込雑

JLPT 챌린지 _____의 의미와 가장 가까운 것을 1·2·3·4에서 하나 고르세요.

① 車道を通り過ぎようとする人が多く、道に知らせができた。

차도를 건너려고 하는 사람이 많아서 길에 알림이 생겼다.

1 歩こう   2 横断しよう   3 流そう   4 走ろう

② はっきりしたものが何もないので、今は何も言えない。

확실한 것이 아무것도 없어서 지금은 아무것도 말할 수 없다.

1 立派な   2 確かな   3 大変な   4 効果的な

3분 퀴즈 챌린지 정답 체크

퀴즈1 ① B ② C ③ A   **퀴즈2** ① A ② B ③ A   **JLPT 챌린지** ① 2 ② 2

MEMO